NOTICE

M. A.-P. JOUYE

Henri Lefort sc.

SIÈGE DE PARIS
1870 — 1871
57e Bon.

Imp A. Salmon

NOTICE

M. A.-P. JOUYE

CHEVALIER DE LA LÉGION D'HONNEUR

ET

DÉCORÉ DE DEUX MÉDAILLES D'HONNEUR EN ARGENT

PARIS
IMPRIMERIE MORRIS PÈRE ET FILS
64, RUE AMELOT, 64

1888

NOTICE

M. A.-P. JOUYE

CHEVALIER DE LA LÉGION D'HONNEUR

ET DÉCORÉ DE DEUX MÉDAILLES D'HONNEUR EN ARGENT

> « Par le travail et la conduite, l'homme probe
> » peut toujours arriver à conquérir l'estime
> » publique et occuper une situation honorable
> » parmi ses concitoyens. »

AUGUSTE-PIERRE JOUYE, né à Tours (Indre-et-Loire), le 8 mars 1809, est issu d'une estimable famille de cette ville.

Son père, ancien militaire, également né à Tours en 1772, après avoir pris part aux immortelles campagnes de la République et du Consulat dans la 33e demi-brigade de ligne depuis le 10 août 1792, rentré dans ses foyers le 8 Fructidor an X, avec le grade de sergent, se mit à la tête de l'établissement de teinturier-imprimeur, exploité à Tours par sa famille.

Élevé au récit des glorieuses batailles de cette grande époque, la vie du jeune JOUYE devait s'en ressentir et par le développement des sentiments élevés, le maintenir dans la voie et l'accomplissement du devoir.

A l'âge de 12 ans, ayant satisfait aux prescriptions d'une éducation chrétienne, le jeune Auguste Jouye quitta l'école et commença son apprentissage de teinturier chez son père.

Actif, laborieux et désireux d'apprendre, il s'adonnait avec ardeur à tout ce qui pouvait contribuer à l'instruire.

Contrairement à la plupart des enfants de son âge, il employait ses soirées, après le travail de la journée, à suivre assidûment les cours de l'Ecole de dessin de la ville de Tours, dirigée par un savant professeur, M. Raverot, sous la direction duquel il fit de rapides progrès couronnés, chaque année, par les récompenses qui lui étaient décernées.

Plus instruit et se sentant moins de goût pour la profession paternelle, il l'abandonna et à 15 ans il entrait, comme dessinateur, dans les bureaux de M. Fanot, géomètre en chef du Cadastre du département d'Indre-et-Loire.

Toujours ardent au travail et comprenant de plus en plus le besoin d'apprendre, afin de pouvoir s'élever dans sa nouvelle profession, il continua à consacrer ses soirées à suivre un cours de géométrie qu'il savait lui être absolument nécessaire.

Deux années s'écoulèrent ainsi et à la fin de 1826, les opérations du Cadastre étant sur le point de se terminer, M. Fanot congédia plusieurs employés.

Auguste Jouye fut du nombre; mais quelques jours après, déjà connu et apprécié, il était demandé par M. Guérin, architecte de la ville de Tours, qui le prenait dans ses bureaux. Il avait alors près de 18 ans.

Il resta chez M. Guérin jusqu'en juin 1828.

Antérieurement à cette date, le Conseil municipal de la ville de Tours, voulant changer l'aspect du Mail, la plus belle promenade de la ville, alors mal entretenue et bordée d'un côté par des murs de clôture de propriétés particulières en mauvais état et de l'autre par les anciens remparts, chargea M. Guérin, son architecte, d'établir un plan des embellissements à faire.

Ce plan, bientôt fait, ayant été adopté, et les expropriations nécessaires étant également terminées, M. Guérin reconnaissant à son employé Jouye les capacités suffisantes, chargea celui-ci d'en faire le tracé sur le terrain et de conduire l'exécution des travaux de cette magnifique voie qui s'étend à droite et à gauche de la rue Royale et porte les noms célèbres de Heurteloup et de Béranger.

A peu près à cette même époque (juin 1828), M. de Surville, ingénieur en chef à Paris, était chargé par le Ministre des Travaux publics, de faire l'étude et de dresser les plans et devis d'un projet de construction d'un canal latéral à la Loire, depuis Orléans jusqu'à Nantes, soit un parcours de 365 kilomètres.

M. de Surville confia cet important travail à MM. Lacroix, Chartier et Léopold, conducteurs de première classe des ponts et chaussées et leur donna la mission d'aller sur le terrain, lever les mouvements du sol et établir un plan d'ensemble de nivellement depuis Orléans jusqu'à Nantes.

Il leur adjoignit M. Grimault, géomètre à Paris, pour faire avec eux, sur le terrain, le tracé des lignes de nivellement d'après les indications données.

Mais peu de temps après son arrivée à Tours et pour des raisons de famille, M. Grimault était obligé de résigner ses fonctions et de revenir à Paris.

MM. Lacroix, Chartier et Léopold, se trouvant alors sans géomètre et ayant entendu parler de M. Jouye, proposèrent à ce dernier, de l'assentiment de M. de Surville, la place devenue vacante par le départ de M. Grimault.

M. Jouye, après avoir consulté sa famille et pris l'avis de M. Guérin, son patron, accepta la proposition qui lui était faite. Il reçut alors sa commission de l'ingénieur en chef et le 20 juin 1828 partait avec ses collègues pour l'étude dudit projet.

Vingt mois après, Jouye était appelé à Tours pour le tirage au sort de sa classe (1829), mais se trouvant à cette date occupé dans le département de la Loire-Inférieure, pour le travail dont il vient d'être parlé, il ne put se déplacer, et son père tira pour lui le numéro 24.

Toutefois, à la fin d'avril 1830, il quitta Nantes pour venir à Tours passer la révision. Ne se connaissant aucune cause d'exemption et certain d'être trouvé bon pour le service militaire, comme cela arriva, et en outre décidé à devancer l'appel de sa classe, il envoya sa démission à l'ingénieur en chef et le 21 juin de la même année il était incorporé au 16e régiment d'infanterie en garnison à Tours.

Sous les drapeaux comme dans la vie civile, Jouye fut un soldat de conduite et scrupuleux observateur de la discipline. Apprécié de ses chefs, il arriva successivement au grade de sergent-major de voltigeurs et après six années de service effectif, étant alors à Strasbourg, il reçut, le 31 décembre 1836, un congé illimité.

Puis le 31 décembre de l'année suivante (1837), ayant terminé entièrement son temps de service, il obtint son congé définitif et un certificat de bonne conduite.

Nous donnons ci-après, littéralement, copie des congé et certificat de bonne conduite, et aussi celle d'un autre exprimant les regrets de ses camarades de régiment.

Congé définitif

ROYAUME DE FRANCE

1re DIVISION MILITAIRE | PLACE DE PARIS

16e RÉGIMENT D'INFANTERIE DE LIGNE

Je soussigné, commandant le dépôt de recrutement et de réserve du département de la Seine, certifie avoir délivré le présent congé définitif du service, au sieur JOUYE (Auguste-Pierre), sergent-major, en congé illimité, fils d'Urbain-François et de Marie-Thérèse Huchet, domiciliés à Tours, canton du lieu, département d'Indre-et-Loire, cheveux et sourcils châtains, yeux châtains, front haut, nez moyen, bouche moyenne, menton rond, visage ovale, taille d'un mètre 640 millimètres, profession d'employé aux ponts et chaussées, dernier domicile à Tours, canton du lieu, département d'Indre-et-Loire, non marié, lequel a été inscrit comme jeune soldat de 1829 sur les registres matricules du corps sous le n° 6014, le 21 juin 1830, et a terminé dans la réserve le temps de service exigé par la loi.

Le chef de bataillon commandant le dépôt,
Signé : GIBASSIER.

Certifié par le lieutenant général commandant le département,
Signé : D'ARRIULE.

Vu et vérifié, le sous-intendant militaire,
Signé : BONACHIEZ.

Approuvé, le lieutenant général commandant la division,
Signé : PAJOL.

Fait à Paris, le 31 décembre 1837.

Détail des Services

Arrivé au corps le 21 juin 1830 comme jeune soldat de 1829, du département d'Indre-et-Loire, caporal le 21 janvier 1831, caporal-fourrier le 21 juin 1831, sergent-fourrier le 21 juin 1832, aux voltigeurs le 1er novembre 1832, sergent-major de voltigeurs le 1er mai 1834. En congé illimité le 31 décembre 1836; en congé définitif le 31 décembre 1837.

Certificat de bonne conduite

16e Régiment d'infanterie de ligne

Nous soussignés, membres composant le conseil d'administration du 16e régiment d'infanterie de ligne, certifions que le sieur Jouye, Auguste-Pierre, sergent-major, né le 8 mars 1809, à Tours, canton dudit département d'Indre-et-Loire, cheveux et sourcils châtains, yeux châtains, front haut, nez moyen, bouche moyenne, menton rond, visage ovale, taille d'un mètre 640 millimètres, a tenu une bonne conduite pendant tout le temps qu'il est resté sous les drapeaux, et qu'il y a constamment servi avec honneur et fidélité. Certifions en outre qu'il n'a aucune infirmité apparente ou cachée qui puisse l'empêcher de reprendre du service et qu'il n'est pas marié.

Les membres du Conseil d'administration :

Le major, Sabrier; le trésorier : Gascuel; l'officier d'habillement, Devau; le capitaine, Barthélemy; le chef de bataillon, Moureau; le lieutenant colonel, de Févlas; le colonel président, Rostolan.

Vu : le sous-intendant militaire,

Signé : MARC.

Fait à Strasbourg, le 15 décembre 1836.

Certificat de regrets

Nous, sous-officiers, caporaux, tambours et soldats, composant la 6e compagnie du 3e bataillon du 16e régiment d'infanterie de ligne, certifions que le sieur Jouye (Auguste-Pierre), notre sergent-major, nous a toujours administrés avec honneur, probité et bonté, et que nous le voyons quitter la compagnie avec le plus sincère regret.

C'est pour le remercier de tout ce qu'il a fait pour nous que nous nous sommes empressés de lui délivrer le présent certificat, et prier toutes les personnes qui auront des relations avec lui de vouloir bien lui accorder toute la confiance qu'il a toujours méritée avec justice.

Signé :

Le 1er sergent, Décombe; le 2e sergent, Millet; le 3e sergent, Reite ; le 4e sergent, Thierrée ; le sergent-fourrier, E. Saint-Victor ; le 1er caporal, Huant, le 2e caporal, Vasseux ; le 3e caporal, Cuny ; le 4e caporal, Faugier ; le 5e caporal, Ternigry ; le 6e caporal, Dumontier ; le 7e caporal, Boutigny.

Suivent les signatures des soldats, au nombre de trente-huit.

Strasbourg, le 15 décembre 1836.

Certifié conforme à l'original :
Le maire de Belleville,
Signé : DESNOYERS.

Parti de Strasbourg le 3 janvier 1837 en congé illimité, le sergent-major Jouye se rendit à Tours, dans sa famille, qui l'accueillit avec bonheur.

Il y resta quelque temps et vint ensuite à Paris pour solliciter un emploi dans l'administration des hôpitaux militaires ou dans le campement, en faisant valoir une demande par lui faite lors de l'inspection générale de 1836, appuyée par son colonel et remise par ce dernier à M. l'intendant général de Neuville, qui avait bien voulu se charger de la remettre personnellement à qui de droit.

A Paris, M. Jouye se présenta chez l'intendant général de Neuville, qui avait conservé souvenir de sa demande et lui confirma que ses notes étaient bonnes et permettaient d'espérer une solution favorable. Il lui conseilla, en outre, de faire une démarche au Ministère pour hâter la nomination.

Il suivit ce conseil, mais la nomination se faisant trop attendre et ne voulant pas rester plus longtemps à charge aux siens, il entra en mars 1837 chez M. Greffier, dessinateur, rue Poissonnière, n° 35, chez qui il resta plusieurs années.

Pendant ce temps, il fit connaissance de M. Decalonne, fabricant de châles, avec lequel il conserva longtemps de très agréables relations, et de M. Mercier, autre fabricant.

Sa profession de dessinateur l'appelait souvent chez ces Messieurs et par suite il s'établit bientôt entre eux une certaine intimité. Il leur parlait de sa situation présente et de ses espérances d'avenir ; de son désir de se créer une position indépendante qui lui permît d'aspirer à une modeste fortune.

C'est alors que se produisit un événement des plus douloureux et dont M. Jouye a conservé un pénible souvenir.

M. Mercier, dont la position commerciale paraissait très brillante, mais dont en réalité les besoins d'argent étaient très pressants, ayant vu la possibilité d'obtenir de son jeune ami une somme quelconque, fit luire aux yeux de ce dernier, parfaitement disposé à ce sujet, l'espérance d'une place plus lucrative et plus indépendante. Il lui proposa d'entrer chez lui comme dessinateur et ensuite de l'associer pour une certaine part, en versant une somme d'argent relativement peu importante, qu'il l'engagea à demander à sa famille.

Enchanté de ces propositions, que M. Decalonne lui conseilla d'accepter, M. Jouye écrivit de suite à son père et à sa mère, qui s'empressèrent de lui envoyer huit mille francs, représentant la dot par eux donnée en mariage à son frère et à sa sœur.

M. Jouye remit cette somme immédiatement à M. Mercier, qui lui en donna une reconnaissance. Mais hélas ! très peu de temps après et sans que rien ait pu le faire supposer, même à M. Decalonne, M. Mercier se déclarait en faillite et faisait perdre à M. Jouye ses huit mille francs, toute sa petite fortune.

M. Jouye fut extrêmement affligé de cette perte, surtout à cause de la fourberie de l'homme en qui il avait eu pleine confiance.

Comme surcroît de malheur, deux mois environ après M. Greffier le congédiait en lui annonçant qu'il cessait sa profession pour se retirer à Lyon, sa ville natale.

Ses parents furent eux-mêmes très désolés en apprenant la perte de l'argent par eux envoyé et ensuite de sa place de dessinateur.

Ils le blâmèrent de la confiance qu'il avait eue en cet homme, auquel il aurait dû demander des garanties habituelles en pareil cas. Malgré cela, ils l'engageaient à venir près d'eux se consoler et attendre un nouvel emploi qu'il ne tarderait pas à trouver.

Un peu froissé de leurs reproches, qu'il ne croyait pas mériter d'une manière absolue, tout en reconnaissant qu'il avait agi légèrement, il leur écrivit qu'il ne pouvait se rendre à leur désir; qu'en restant à Paris, il était plus à même de saisir une occasion favorable pouvant se présenter d'un moment à l'autre; qu'il faisait ses efforts pour oublier ses malheurs et surtout l'homme qui en était cause; enfin qu'il espérait avoir bientôt un nouvel emploi et par suite travailler avec ardeur à se créer une situation plus heureuse et regagner ainsi son petit capital perdu.

Pendant plusieurs mois, sans le faire savoir à ses parents, il vécut en s'imposant de grandes privations et en cherchant à obtenir un emploi comme ancien militaire, quand un heureux hasard lui fit faire la rencontre d'un de ses camarades de régiment, M. de Corbières, qui lui aussi cherchait une occupation : « On m'a proposé lui » dit ce dernier, une place de dessinateur à la direction » des fortifications de Paris, rue Joubert, 29; je ne puis » remplir cette place ne sachant pas le dessin; toi, au » contraire, tu sais dessiner, c'est ton affaire; va trouver » M. Leroux, garde du génie, il te dira ce qu'il faut faire » pour être admis. »

M. Jouye se rendit à cette adresse et après avoir reçu les renseignements nécessaires, il adressa, avec des plans dessinés par lui, au général Vaillant, directeur des fortifications de la rive droite de la Seine, une demande d'emploi de dessinateur, apostillée chaleureusement par M. Gouin (de Tours), alors ministre du Commerce et qui connaissait parfaitement sa famille.

En réponse à cette demande, M. Jouye reçut bientôt une lettre de M. Dufort, capitaine du génie et aide de camp du général, l'invitant à passer à la direction.

Le capitaine le reçut avec bienveillance et lui adressa diverses questions pour connaître ses aptitudes relativement aux travaux à faire et le congédia en lui faisant espérer une solution favorable. En effet quelques jours après, il recevait de M. le colonel de Cassière, chef de bureau, une lettre lui annonçant son admission à la date du 1er juin 1840.

M. Jouye prit immédiatement possession de son emploi qu'il ne quitta que le 31 mars 1845, lors de la fin des travaux et aussi parce qu'il avait été décidé en haut lieu de congédier tous les employés au titre civil.

La lettre lui annonçant cette nomination a été égarée, mais elle est mentionnée dans le certificat délivré et écrit en entier par le général Vaillant.

Copie de cette pièce est donnée ici littéralement :

Je soussigné, maréchal de camp, directeur des travaux de fortification de Paris, sur la rive droite de la Seine, déclare que M. Jouye (Auguste-Pierre) a travaillé dans mes bureaux et sous mes yeux depuis le mois de juin 1840 jusqu'à la fin de mars 1845, et que son zèle pendant tout cet intervalle de temps ne s'est jamais démenti. M. Jouye, presque constamment employé comme dessinateur, a fait preuve de capacité et d'aptitude et s'est toujours bien acquitté de la tâche qui lui était confiée. Je me plais à reconnaître que la conduite et le caractère de M. Jouye n'ont donné lieu qu'à des éloges, et je désire que le témoignage que je lui donne aujourd'hui de ma satisfaction pour ses services puisse être utile à cet employé, sur le dévouement et l'activité duquel on peut compter en toute circonstance.

Paris, le 31 mars 1845.

Signé : Général VAILLANT.

En marge est écrit ceci :

L'avancement de nos travaux et la nécessité de congédier nos employés civils sont les seules causes du départ de M. Jouye.

Paraphé V.

Bien que travaillant dans les bureaux du génie militaire, M. Jouye obtint la faveur d'être admis par le Comte de Rambuteau, préfet de la Seine, à un emploi de dessinateur auxiliaire au plan de Paris, travail qu'il pouvait accomplir chez lui, le matin et le soir, avant et après ses heures d'occupation au bureau des fortifications.

Ci-dessous copie littérale de l'arrêté préfectoral lui conférant cet emploi :

PRÉFECTURE DU DÉPARTEMENT DE LA SEINE

2e DIVISION — 2e BUREAU

Paris, le 31 mars 1843.

Nous, Pair de France, Préfet de la Seine,

ARRÊTONS :

Article Premier.

A dater du 1er avril prochain, il sera attaché à notre bureau de la voirie, section du plan d'alignement de Paris, un géomètre et un dessinateur auxiliaires.

Art. 2.

Le géomètre et le dessinateur auxiliaires seront chargés, dans les formes prescrites par nos règlements ci-dessus visés, tant de l'intérim des géomètres et dessinateurs d'arrondissement, que de tous les travaux que ces derniers n'auraient point accomplis, ou ne pourraient accomplir en temps utile, ainsi que ceux dont l'urgence et l'intérêt du service exigeraient une exécution immédiate.

Art. 3.

Le géomètre et le dessinateur auxiliaires seront payés par un tarif arrêté par nous le 30 juin 1842.

Art. 4.

M. Jouye, dessinateur attaché à la direction des fortifications de Paris (rive droite), est nommé dessinateur auxiliaire.

Fait à Paris, le 31 mars 1843.

Signé : Comte de RAMBUTEAU.

Pour extrait conforme :
Le Maître des Requêtes, secrétaire général de la Préfecture,
Signé : de JUSSIEUX.

Depuis la faillite Mercier, plusieurs années se sont écoulées. La situation de Jouye étant devenue meilleure, des amis lui firent faire la connaissance de Mlle Rouve, d'une honorable famille de Belleville, qu'il épousa le 12 juin 1844.

Après son mariage, il se fixa dans cette localité et prit son domicile rue de la Mare, 105 (place de Ménilmontant), chez sa belle-mère, propriétaire de la maison.

A partir de cette époque, la position de M. Jouye devient de plus en plus heureuse.

Le 14 août 1844, M. le préfet de la Seine le désigne pour remplir momentanément l'emploi de M. Davioud, dessinateur, en congé de quinze jours.

Suit la copie de l'arrêté préfectoral :

PRÉFECTURE DU DÉPARTEMENT DE LA SEINE

2e DIVISION — 2e BUREAU

Nous, Pair de France, Préfet de la Seine,

Vu la demande qui nous a été adressée par M. Davioud, dessinateur attaché au service du plan de Paris, à l'effet d'obtenir un congé de quinze jours à partir du 15 de ce mois,

Vu le rapport du chef de la 2e division,

ARRÊTONS :

ARTICLE PREMIER.

Il est accordé à M. Davioud un congé de quinze jours à dater du 15 de ce mois.

ART. 2.

Pendant l'absence de M. Davioud, les fonctions de ce dessinateur seront confiées à M. Jouye, dessinateur auxiliaire.

ART. 3.

Ampliations du présent arrêté seront adressées à MM. Davioud et Jouye.

Semblable ampliation sera transmise au géomètre en chef.

Paris, ce 14 août 1844.

Signé : Comte DE RAMBUTEAU.

Pour ampliation :

Le Maître des Requêtes, Secrétaire général de la Préfecture,

Signé : DE JUSSIEUX.

En janvier 1845, il est admis dans la compagnie de voltigeurs du bataillon de la garde nationale de la Seine (Belleville), ainsi qu'il est constaté par un certificat de M. le commandant Bouton, dont nous donnons plus loin la copie. (Voir page 74.)

Dans cette même année 1845, en quittant les bureaux des fortifications, il ouvrit pour le public un cabinet de géomètre-dessinateur, tout en conservant son emploi au plan de Paris.

Il n'eut qu'à se louer de cette création qui lui procura des avantages sérieux et souvent il aime à se rappeler avec plaisir cette époque de sa vie.

Le 25 mai 1846, M. le Maire de Belleville le nomme agent-voyer de cette ville.

Suit la copie de l'arrêté ainsi que celle de la lettre lui notifiant cette nomination :

DÉPARTEMENT DE LA SEINE

MAIRIE DE BELLEVILLE

Extrait du registre des arrêtés du maire en matière de police, sûreté, salubrité, etc.

L'an mil huit cent quarante-six, le vingt-cinq de mai,

Nous, maire de la ville de Belleville, chevalier de la Légion d'honneur,

Vu notre arrêté, sous date du 19 du présent mois, portant règlement permanent sur le service de la voirie dans notre localité.

Vu encore la loi du 18 juillet 1837, dont l'article 12 met au choix des maires la nomination à tous les emplois communaux pour lesquels la loi ne prescrit pas de mode spécial de nomination.

Attendu que le budget de la ville fixe le traitement d'un agent-voyer pour la localité où les nouvelles constructions deviennent de jour en jour plus nombreuses, et où des réparations aux anciens bâtiments sont faites incessamment; que le besoin de cet agent s'est depuis longtemps fait sentir, que le conseil municipal a exprimé le vœu qu'il soit bientôt choisi et mis en fonctions.

ARTICLE PREMIER

Le sieur Auguste-Pierre JOUYE, géomètre, demeurant ici, rue de la Mare, n° 109, est nommé agent-voyer de Belleville.

Art. 2.

Il se conformera de tous points à notre susdit arrêté du 19 de ce mois, où nous avons indiqué toutes ses attributions et les devoirs qu'il aura à remplir.

Art. 3.

Le sieur Jouye, devant dresser des procès-verbaux contre les contrevenants aux dispositions de la voirie, prêtera serment, comme agent-voyer de la localité, devant M. le juge de paix du canton de Pantin.

Art. 4.

Expédition du présent lui sera à cette fin délivrée, et expédition de sa prestation de serment lui servira de commission.

Belleville, en mairie, les jour, mois et an ci-dessus.

Signé : POMMIER.

Pour copie conforme :
Le Maire de Belleville, chevalier de la Légion d'honneur,
Signé : POMMIER.

Le 8 mai 1847, le directeur de l'administration des contributions directes l'attache à la division de M. Olleris, contrôleur, en qualité d'auxiliaire, pour la vérification des mutations provenant de ventes de parcelles de terrains, faites dans les communes environnant Belleville. Ce travail ne l'occupait que le dimanche.

Suit la copie de cette nomination :

DÉPARTEMENT DE LA SEINE

DIRECTION DES CONTRIBUTIONS DIRECTES

Paris, le 8 mai 1847.

Monsieur,

D'après l'autorisation de M. le Directeur général de l'Administration des contributions directes, je vous préviens que vous avez été attaché à la division de contrôle de M. Olleris en qualité d'auxiliaire pour les communes de Charonne, Bagnolet, Romainville, Bondy et Noisy-le-Sec.

La présente lettre vous servira de commission.

J'ai, etc.

Le Directeur des Contributions directes,
Signé : BAUDOIN.

Le 8 février 1848, un arrêté de M. le Préfet de la Seine le charge du numérotage des rues de plusieurs arrondissements de Paris, dans les termes ci-après transcrits :

PRÉFECTURE DU DÉPARTEMENT DE LA SEINE

4e DIVISION — 2e BUREAU

Nous, Pair de France, Préfet de la Seine,

Vu les arrêtés des 15 juin 1843 et 7 août 1844, par lesquels nous avons chargé le sieur Mandon, géomètre des travaux graphiques relatifs au numérotage des voies publiques comprises dans les Ve, VIe, VIIe, VIIIe, IXe et XIIe arrondissements ;

Vu le rapport présenté le 11 décembre dernier par le géomètre en chef, qui expose que les retards apportés par le sieur Mandon dans la remise des travaux qui lui ont été confiés sont de nature à entraver l'opération du numérotage, et que, malgré les assertions de ce géomètre, les plans qu'on lui réclame ne sont même pas commencés;

Considérant qu'il importe de prévenir tout nouveau retard dans la confection des plans qui doivent servir à l'achèvement du numérotage, qu'il y a donc lieu de confier lesdits travaux à un autre agent;

ARRÊTONS :

ARTICLE PREMIER.

M. JOUYE, dessinateur-géomètre, est chargé en remplacement de M. Mandon, des travaux nécessaires à l'achèvement des plans du numérotage des rues situées dans les Ve, VIe, VIIe, VIIIe, IXe et XIIe arrondissements.

ART. 2.

Ampliation du présent arrêté sera remise au sieur JOUYE.

Fait à Paris, le 8 février 1848.

Signé : Comte DE RAMBUTEAU.

Pour ampliation,
Le Secrétaire général de la Préfecture,
Signé : PARRANT.

Quinze jours après cette nomination, des événements de la plus grave importance éclataient et changeaient les institutions du pays.

La Révolution opérée le 24 février 1848 avait renversé la monarchie. Le roi Louis-Philippe, sans faire aucune résistance, était parti en exil avec toute sa famille, laissant le pouvoir à l'Émeute triomphante, qui proclama la République.

Un gouvernement provisoire fut installé et un peu de tranquillité succéda aux scènes sanglantes qui venaient de se produire.

La masse des ouvriers, par suite de ces événements, était sans travail et sans ressources. Il fallait songer à les occuper pour les faire vivre.

La nouvelle municipalité de Belleville, bien embarrassée dans ces conjonctures, fit appel à tous les dévouements pour l'aider dans sa tâche difficile et ramener le calme dans la rue et dans les esprits.

Elle s'adressa notamment à M. Jouye, qui, par les fonctions qu'il remplissait, pouvait lui être d'une grande utilité.

Elle le chargea en conséquence dans les premiers jours de mars 1848, de donner de l'ouvrage à tous les ouvriers qui étaient sans travail et sans pain (2,500 individus environ), et dans ce but, d'établir de suite des plans de terrain et de nivellement du prolongement de la rue Fessart à travers les Buttes-Chaumont jusqu'à la rue de Meaux, limite de la commune de Belleville et de celle de la Villette, ainsi que les plans d'élargissement et de nivellement du chemin des Partants, qui séparait alors aussi Belleville de la commune de Charonne.

Ces plans promptement faits et acceptés, M. Jouye mit de suite à l'œuvre les 2,500 ouvriers sans travail, qu'il dirigea avec l'assistance d'une commission du Conseil municipal, et sans vouloir accepter aucun émolument en dehors de ses fonctions officielles.

A la fin de ce même mois de mars, le nouveau gouvernement sentant la nécessité absolue de grouper plus sous sa main une masse d'hommes ainsi répandue dans Paris et ses environs et qui pouvait devenir très dangereuse à un moment donné, décréta la création d'ateliers nationaux. La section de Belleville passa alors sous les ordres de Clément Thomas, nommé directeur général des ateliers nationaux de Paris. M. Jouye se mit immédiatement en relation avec son chef direct et lui présenta l'état nominatif des 2,500 travailleurs sous ses ordres, avec les plans par lui faits pour l'exécution des deux voies projetées.

Quelques jours après, M. Clément Thomas, accompagné de M. l'ingénieur Vardavenne, vint trouver M. Jouye et lui dit :

« Le temps nous presse; il faut que nous occupions de » suite tous les travailleurs; nous ne pouvons attendre » que des ingénieurs aient examiné vos plans ; je vous » prie de vouloir bien, avec le titre d'inspecteur, conti- » nuer à diriger les travaux des deux voies publiques » commencées par vous. Nous vous adjoindrons de » jeunes ingénieurs pour surveiller les ouvriers et l'exé- » cution de vos plans. »

Pour ne pas arrêter les travaux dans des moments si critiques, M. Jouye, dont le patriotisme était à la hauteur de la tâche, accepta en conservant toutefois ses fonctions d'agent voyer, de dessinateur au plan de Paris et son cabinet particulier. M. Clément Thomas lui rendit ses plans et lui remit une carte de nomination d'inspecteur, dont voici la teneur :

RÉPUBLIQUE FRANÇAISE

LIBERTÉ, ÉGALITÉ, FRATERNITÉ

MINISTÈRE DES TRAVAUX PUBLICS

Bureau central des ateliers nationaux

CARTE DE NOMINATION

M. Jouye (agent-voyer), inspecteur des travaux du XIIIe arrondissement.

Le Chef du personnel et des travaux,
Signé : E. GONSOLE.

Le Directeur, Commissaire de la République,
Signé : CLÉMENT THOMAS.

Malgré ses grands travaux, le 9 avril suivant, M. Jouye comme ancien sous-officier de l'armée, est élu lieutenant en second par la 4e compagnie du bataillon de Belleville, qui avait apprécié son mérite.

Ci copie du brevet :

RÉPUBLIQUE FRANÇAISE

LIBERTÉ, ÉGALITÉ, FRATERNITÉ

Département de la Seine
Canton de Pantin
Commune de Belleville

1re légion de la banlieue
8e bataillon
4e compagnie

BREVET DE LIEUTENANT EN SECOND

Le citoyen Jouye (Auguste-Pierre) a été élu, à la majorité des suffrages, par cent quatre-vingt-cinq citoyens, lieutenant de la 4e compagnie de la garde nationale de Belleville, ainsi qu'il résulte du procès-verbal d'élection en date du 9 avril 1888, dont la minute est déposée aux archives de la mairie de Belleville.

A Saint-Denis, ce 10 mai 1849.

Vu et certifié :
Le Sous-Préfet,
Signé : CRUVEILHIER.

Pour extrait conforme :
Le Maire,
Signé : CHAUMONT.

Le 9 juin suivant, le directeur de l'administration des contributions le nomme en qualité d'attaché auxiliaire à la division du contrôle de M. Berlié.

Ci copie de la lettre donnant avis de cette nomination :

DÉPARTEMENT DE LA SEINE

DIRECTION DES CONTRIBUTIONS DIRECTES

Paris, le 9 juin 1848.

Monsieur,

D'après l'autorisation de M. le directeur de l'administration des contributions directes, je vous préviens que vous avez été attaché à la Division de Contrôle de M. Berlié, en qualité d'auxiliaire, pour les communes de Pantin et des Prés-Saint-Gervais.

La présente lettre vous servira de commission.

J'ai l'honneur, Monsieur, de vous saluer.

Le directeur des contributions directes,
Signé : BAUDOIN.

Nous ne parlerons pas ici des épouvantables journées de ce même mois de juin, où tant de sang français fut versé et où le bataillon de Belleville fit son devoir en servant la cause de l'ordre et dispersant les émeutiers vaincus qui se répandaient dans les banlieues.

Puis, le calme rétabli, les choses reprirent leur cours normal.

Le 1er septembre suivant, sa compagnie l'ayant vu à l'œuvre, le nomme par 66 voix sur 69 votants, lieutenant en premier.

Ci copie du brevet:

RÉPUBLIQUE FRANÇAISE

LIBERTÉ, ÉGALITÉ, FRATERNITÉ

Département de la Seine
Canton de Pantin
Commune de Belleville

1re légion de la banlieue
8e bataillon
4e compagnie

BREVET DE LIEUTENANT EN PREMIER

Le citoyen Jouye (Auguste-Pierre) a été élu, à la majorité des suffrages, par 66 citoyens, lieutenant de la 4e compagnie de la garde nationale de Belleville, ainsi qu'il résulte du procès-verbal d'élection, en date du 1er septembre 1848, dont la minute est déposée aux archives de la mairie de Belleville.

A Saint-Denis, ce 10 mai 1849.

Vu et certifié :
Le Sous-Préfet,
Signé : CRUVEILHIER.

Pour copie conforme :
Le Maire,
Signé : CHAUMONT.

Le 9 avril 1849, il est nommé à l'élection président de la 4e section de l'Union Electorale de Belleville, suivant procès-verbal dont nous donnons la copie :

RÉPUBLIQUE FRANÇAISE

Ville de Belleville — 4e Section

UNION ÉLECTORALE

Election de cinq délégués de la quatrième section

L'an 1849, le lundi 9 avril, à trois heures de relevée, les électeurs adhérents à l'Union électorale de la section H, 4e compagnie, se sont réunis à Belleville, dans le local des écoles communales, classe des garçons, à l'effet d'élire cinq délégués.

La majorité des suffrages de l'assemblée s'est portée sur :

MM.

THIBAULT, chaussée Ménilmontant, 81.
ALLAIN père, rue de Paris, 120.
JOUYE, rue de la Mare, 111.
VAUDIN, rue Levert, 28.
MARREL, rue Levert, 7.
Qui ont été nommés délégués.

MM.

SOUTENET, rue Levert, 17.
BAUVE, rue de la Mare, 15.
MARCHAL, rue Levert, 5.
BRIFFARD, rue de Paris, 158.
SAVREUX, rue de la Mare, 48.
Suppléants.

Immédiatement il a été procédé à la nomination du Président par la voie du scrutin ouvert entre MM. les délégués.

La majorité des suffrages s'est portée sur M. JOUYE, qui a été proclamé Président des délégués de la section H, 4e compagnie de Belleville.

De quoi a été dressé le présent procès-verbal, qui a été signé par les membres du bureau, les délégués et leur Président.

Délégués,
Signé : THIBAULT.
ALLAIN, secrétaire.
MARREL et VAUDIN.

Membres du bureau,
Le Vice-Président,
Signé : BRIFFARD.
Le Vice-Président,
Signé : THIBAULT.

Le Secrétaire,
Signé : ALLAIN.

Les Scrutateurs,
Signé : BAUVE et BOURILLON.

Le Président de la section,
Signé : SALGAT.

Le Président des délégués,
Signé : JOUYE.

A Belleville, les jour, an et heure que dessus.

Le 31 décembre de la même année (1849), un arrêté de M. le Maire de Belleville le charge de la direction du pavage de la ville, dans les termes ci-après transcrits :

DÉPARTEMENT DE LA SEINE

ARRONDISSEMENT DE SAINT-DENIS.	MAIRIE DE LA VILLE DE BELLEVILLE.

Extrait du registre des arrêtés du maire.

L'an mil huit cent quarante-neuf, le 31 décembre.

Nous, maire de Belleville,

Vu la loi du 18 juillet 1837, art. 10.

L'arrêté municipal, en date du 25 mai 1846, qui confère à M. Jouye (Auguste-Pierre), architecte, les fonctions d'architecte-voyer de la commune de Belleville.

Arrêtons ce qui suit :

ARTICLE PREMIER.

M. Jouye, agent voyer de la commune, est spécialement chargé par nous de la direction et de la surveillance des travaux d'entretien de pavage des voies publiques.

ART. 2.

Il sera attribué à M. Jouye pour ses honoraires relatifs aux frais de direction, règlement des mémoires de l'entrepreneur, etc., cinq pour cent sur le montant des mémoires réglés.

Art. 3.

L'entrée en fonctions de M. Jouye, pour ce service supplémentaire, aura lieu à partir du 1er janvier prochain.

Fait en mairie les jour, mois et an ci-dessus.

Signé : HERBÉ.

Pour expédition conforme :
Le maire de Belleville,
Signé : HERBÉ.

Le 19 juin 1850, il est nommé président de la section H de l'Union Électorale de Belleville, suivant un procès-verbal dont nous donnons la copie :

RÉPUBLIQUE FRANÇAISE

UNION ÉLECTORALE POUR LE DÉPARTEMENT DE LA SEINE

Autorisée le 9 novembre 1848, conformément au décret du 28 juillet 1848.

13e et 14e ARRONDISSEMENTS.

Comité de section

ARRONDISSEMENT DE SAINT-DENIS.

Commune de Belleville, section H,
4e compagnie

PROCÈS-VERBAL

d'élection de délégués de sections.

L'an mil huit cent cinquante, le mercredi 19 juin, à sept heures du soir, dans un local situé rue de la Mare, 27, à Belleville, se sont réunis les citoyens adhérents aux principes de l'Union électorale, composant la section H, 4e compagnie de la ville de Belleville.

L'objet de la réunion est la constitution du comité de ladite section, conformément aux statuts de l'Union électorale arrêtés le 8 juin 1849 et modifiés le 1er mai 1850.

Après l'installation du bureau, composé conformément à l'art. 5 de l'instruction du Comité central, il est donné lecture des art. 1, 2, 6, 7, 8, 9, 10, 65, 66, 67 et 69 des statuts, puis il est procédé au scrutin secret, par bulletins de liste et à la majorité relative, à la nomination de dix délégués. Le nombre de votants était de cent douze.

Les voix ont été réparties de la manière suivante :

Nos D'ORDRE	NOMS	PROFESSIONS	DOMICILES	VOIX OBTENUES
1	Jouye	Géomètre, agent-voyer de Belleville	Rue de la Marc, 100	112
2	Allain.	Rentier, propriétaire. . .	de Paris, 120.	112
3	Villevielle . . .	Rentier, propriétaire. . .	Levert, 22 . .	112
4	Diolot.	Rentier.	de la Marc, 2.	112
5	D'Hervilly . . .	Conducteur des ponts et chaussées.	Levert 21. . .	112
6	Marrel.	Rentier.	Levert, 5 . . .	112
7	Vaudin	Rentier	Levert, 24. . .	112
8	Comparet . . .	Rentier.	de Paris, 120 .	112
9	Thibault. . . .	Rentier	Chaussée Ménilmontant, 81.	112
10	Barrucand. . .	Rentier.	Rue de Paris, 122.	112

En conséquence, les sus-nommés sont proclamés délégués de la section H, 4e compagnie de Belleville.

De tout ce que dessus a été dressé le présent procès-verbal, qui a été fait en double original et signé par les membres du bureau.

Signé : MARCHAT, VAUDIN, MARREL,
ALLAIN, secrétaire, et JOUYE, président.

Immédiatement après la nomination des délégués, il a été procédé à la nomination d'un président et d'un secrétaire entre MM. les délégués.

La majorité des suffrages s'est portée sur M. Jouye, qui a

été proclamé président, et sur M. Allain, qui a été proclamé secrétaire des délégués de la section H, 4e compagnie de Belleville.

De quoi il a été dressé le présent procès-verbal en double original et qui a été signé par les membres du nouveau bureau et tous les délégués.

Belleville, les jour, mois et an que dessus.

Signé : VILLEVIELLE, COMPARET, BARRUCAND, D'HERVILLY, DIOLOT, VAUDIN, MARREL, ALLAIN, secrétaire, JOUYE, président.

Nous arrivons au coup d'État du 2 décembre 1851, amené par la crainte de l'année 1852.

Un décret du Prince, président de la République, proclame la dissolution de l'Assemblée nationale et le rétablissement du suffrage universel, restreint par la loi du 31 mai 1850.

L'émeute soulevée à ce moment fut bientôt vaincue. Le peuple convoqué dans ses comices sanctionna les événements accomplis par sept millions cinquante mille suffrages sur huit millions d'électeurs, et les choses reprirent bientôt leur marche ordinaire.

Le 9 mars 1852, par décret du prince Président de la République, M. Jouye, est nommé capitaine des sapeurs-pompiers de Belleville, qu'il commanda jusqu'en 1860, date de leur suppression par suite de l'annexion des banlieues à la ville de Paris.

Ci copie de la lettre à lui adressée à cet effet :

RÉPUBLIQUE FRANÇAISE

GARDES NATIONALES DU DÉPARTEMENT DE LA SEINE

État-major général — Secrétariat

NOMINATION DE CAPITAINE

Des sapeurs-pompiers du 8e bataillon de Paris.

Paris, le 9 mars 1852.

Monsieur,

J'ai l'honneur de vous informer que, sur ma proposition, et par décret en date du 2 mars 1852, le Prince-Président de la République vous a nommé au grade de capitaine des pompiers du 8e bataillon des gardes nationales de la Seine (banlieue).

Je me félicite d'avoir contribué à appeler sur vous ce témoignage honorable de la confiance du Prince en votre dévouement, sur lequel je compte en toutes circonstances.

Recevez, Monsieur, l'assurance de ma considération distinguée.

Le général commandant supérieur,

Signé : Marquis de LAWŒSTINE.

Vers la fin de cette même année 1852 s'accomplit un autre grand événement, conséquence du coup d'État de 1851 et du plébiscite qui le suivit.

En vertu d'un sénatus-consulte des 7 et 10 novembre 1852, l'Empire fut rétabli et le prince Louis-Napoléon Bonaparte, président de la République, proclamé Empereur, sous le nom de Napoléon III.

La nation appelée à donner son avis, approuva ce changement le 21 novembre 1852 par sept millions huit cent vingt quatre mille suffrages.

Cinq années après ce grand événement politique, en juillet 1857, forcé, par suite de maladie (hypertrophie du foie), d'aller à Vichy et de se reposer un certain laps de temps pour rétablir entièrement sa santé, M. Jouye donna sa démission d'agent-voyer de Belleville.

Nous nous faisons un devoir d'ajouter qu'en se retirant M. Jouye emporta les regrets de l'administration et que tout le temps qu'il exerça ses fonctions, le Conseil municipal de Belleville lui manifesta son estime et l'adjoignit toujours aux commissions chargées de la direction des fêtes communales et de bienfaisance.

A la suite de la faillite du sieur Fleuriot, banquier, les maisons situées rue de Paris (actuellement de Belleville) n°s 48, 50, 52, appartenant à ce dernier, mises en vente au tribunal civil de la Seine, le 29 décembre 1858, furent adjugées en commun à MM. Marceline-Neomenroa, Moutier, Manoury, Berçon et Jouye.

Antérieurement, M. Julien Lacroix, précédent propriétaire, avait ouvert la rue qui porte son nom et commencé une autre rue que les nouveaux propriétaires firent terminer entièrement, en la faisant déboucher rue de Belleville.

Cette nouvelle rue ne portait encore aucun nom. Avant de la livrer au public, les propriétaires se réunirent pour décider entre eux du nom à lui donner. Dans cette réunion, le nom de M. Jouye fut mis en avant le premier, attendu : que depuis plusieurs années il était le géomètre de la propriété; qu'il avait été chargé par M. Julien Lacroix de faire et diriger les travaux d'ouverture de ces deux rues ; que de plus les services par lui rendus à la ville de Belleville, tant comme agent voyer (pendant 15 ans) que comme officier de la garde nationale et capitaine des sapeurs-pompiers depuis le 9 mars 1852, le désignaient tout particulièrement à leur choix. Aucun autre nom n'ayant été proposé, celui de M. Jouye fut unanimement proclamé.

Honoré et reconnaissant de cette haute marque d'estime, M. Jouye accepta en demandant la faveur que le nom de sa femme fût ajouté au sien. En conséquence le nom de Jouye-Rouve fut donné à la rue dont s'agit, qui le porte encore actuellement.

Un bonheur n'arrive jamais seul. En effet, le lendemain, 30 décembre 1858, M. Jouye recevait de M. le Maire de Belleville, une lettre lui annonçant que le Conseil municipal lui avait décerné une médaille d'honneur en argent, ainsi qu'à cinq pompiers de sa compagnie.

Nous donnons la copie de cette lettre et de la délibération du Conseil municipal :

EMPIRE FRANÇAIS

MAIRIE DE BELLEVILLE

Belleville, le 30 décembre 1858.

Mon cher capitaine,

J'ai l'honneur de vous adresser une copie conforme de la décision prise par le Conseil municipal dans sa séance extraordinaire du 20 de ce mois, portant qu'une médaille d'honneur en argent sera décernée à titre de récompense au nom de la ville de Belleville, sur votre proposition visée et approuvée par le chef de bataillon, à chacun des six sapeurs-pompiers, gradés ou non, qui se sont le plus distingués dans les sinistres.

Les nombreuses circonstances dans lesquelles vous avez

eu l'occasion de donner des preuves de dévouement et d'intrépidité, soit en combattant les incendies, soit en apportant dans des faits de sauvetage le secours de vos lumières comme ingénieur, ou de votre abnégation comme citoyen, devaient tout d'abord appeler sur vous l'attention de votre commandant, et vous faire désigner comme étant le premier auquel cette distinction dût être accordée.

En conséquence, je vous invite à vouloir bien vous rendre, en grande tenue, après-demain, 1er janvier 1859, à 10 heures du matin, dans le salon de l'hôtel de la mairie, où aura lieu, en présence des autorités et du corps d'officiers de la garde nationale, la remise solennelle des médailles susmentionnées.

J'éprouve une vive satisfaction à vous faire parvenir cette nouvelle, et je me félicite très sincèrement d'être en cette circonstance l'interprète des sentiments de reconnaissance des habitants de Belleville.

Recevez, mon cher capitaine, l'assurance de ma considération la plus distinguée, et l'expression de mes sentiments affectueux et dévoués.

Le maire, chevalier de la Légion d'honneur,

Signé : DESNOYERS.

EMPIRE FRANÇAIS

MAIRIE DE LA VILLE DE BELLEVILLE

CONSEIL MUNICIPAL DE BELLEVILLE

Département de la Seine — **Arrondissement de Saint-Denis**

Session extraordinaire du 28 décembre 1858

M. le Maire expose au Conseil que dans tous les sinistres occasionnés par l'incendie, la compagnie des sapeurs-pompiers de Belleville a fait constamment preuve de zèle, de dévouement et d'intrépidité, et qu'il convient de récompenser les actes de courage en décernant des médailles en argent à six de ceux d'entre eux qui se sont le plus distingués.

En conséquence, M. le Maire propose au Conseil de voter une somme de cent quatre-vingts francs pour faire face aux frais de ces médailles.

Le Conseil,

Vu l'exposé qui précède;
Vu le budget communal de l'exercice courant;
Vu l'état de la situation financière de la commune;
Vu la loi du 18 juillet 1837;

Délibère :

Une somme de cent quatre-vingts francs est votée pour être affectée, jusqu'à due concurrence, au payement de la dépense de six médailles en argent qui seront décernées, à titre de récompense, au nom de la ville de Belleville, sur la proposition du capitaine de la Compagnie, visée et approuvée par le Chef de bataillon, aux six sapeurs-pompiers, gradés ou non, qui se sont le plus distingués dans les sinistres.

Belleville, le 28 décembre 1858.

POUR COPIE CONFORME,

Le maire, chevalier de la Légion d'honneur, Président du Conseil,

Signé : DESNOYERS.

LICENCIEMENT DE LA COMPAGNIE
DES SAPEURS-POMPIERS

En vertu du décret impérial, réunissant à Paris les banlieues comprises dans l'enceinte des fortifications, toutes les administrations particulières de chaque commune annexée allaient disparaître et faire place aux lois et règlements régissant la ville de Paris.

A cet effet, le 1er novembre 1858 parut notamment un ordre du jour relatif au licenciement des compagnies de sapeurs-pompiers des banlieues, tout en invitant ces mêmes compagnies à continuer leur service jusqu'à ce que leur concours fût jugé, par l'autorité supérieure, ne plus être nécessaire ou indispensable.

Ci copie de cet ordre du jour.

GARDE NATIONALE DU DÉPARTEMENT DE LA SEINE

ÉTAT-MAJOR GÉNÉRAL

Paris, le 1er novembre 1859.

ORDRE DU JOUR

L'annexion à Paris de plusieurs bataillons de la garde nationale de la banlieue aura pour conséquence inévitable le licenciement des sapeurs-pompiers de ces bataillons, qui seront remplacés par les pompiers de Paris.

Toutefois, au milieu de toutes les charges que l'annexion lui impose, la ville de Paris ne saurait avoir pourvu, avant le 1er janvier 1860, à la construction des casernes et des différents postes nécessaires à l'établissement des Compagnies nouvelles qui vont être créées à Paris. Dans cette circonstance, le Général commandant supérieur a cru pouvoir offrir à l'administration municipale la continuation du service des sapeurs-pompiers de la partie de la banlieue rentrant dans Paris, jusqu'à ce que leur concours ne soit plus nécessaire ou indispensable.

Le Général, qui connaît et sait apprécier le zèle et le dévouement dont les sapeurs-pompiers de la Garde nationale de la Seine ont donné tant de preuves, n'a pas hésité à faire cette offre en leur nom, convaincu d'avance qu'ils ne voudront pas abandonner leur poste avant d'avoir été relevés.

Le Général commandant supérieur
Signé : LAWŒSTINE.

POUR AMPLIATION,
Le colonel, chef d'État-major général,
Signé : A. ISNARD.

POUR COPIE CONFORME,
Le chef de bataillon,
Signé : A. BOUTON.

En conséquence de cet ordre et à la date du 15 avril 1860, M. le commandant Bouton adressa à M. JOUYE la lettre suivante, lui assignant jour, au 17 du même mois, pour la remise à M. le major des Sapeurs-pompiers de Paris, des pompes et de tout le matériel d'incendie de sa compagnie définitivement licenciée à partir de ce même jour.

Suit la copie de cette lettre :

GARDE NATIONALE DE LA SEINE

7e SUBDIVISION — 30e BATAILLON

Belleville, le 15 avril 1860.

Le chef de bataillon à M. Jouye, Capitaine des Sapeurs-Pompiers.

Mon cher Capitaine,

Je vous prie de vouloir bien vous rendre à la mairie du 20e arrondissement, mardi prochain 17 du courant, à 9 heures précises du matin, pour assister à la remise du matériel de secours contre l'incendie à M. le Major des sapeurs-pompiers de Paris.

Vos bons services cesseront le même jour.

Votre tout dévoué. *Signé* : A. BOUTON.

En récompense de ses bons services et de sa courageuse conduite en plusieurs circonstances, M. le Ministre de l'Intérieur lui décerna, le 9 mai 1860, une médaille d'honneur en argent.

Nous donnons ici copie de la lettre élogieuse adressée par M. le Ministre de l'Intérieur à M. Jouye, à l'appui de cette distinction.

MINISTÈRE DE L'INTÉRIEUR

RÉCOMPENSE POUR BELLES ACTIONS. — MÉDAILLE D'HONNEUR

AU NOM DE L'EMPEREUR

Le Ministre, secrétaire d'État au Département de l'Intérieur, a décerné une médaille d'honneur en argent, de 2e classe, à M. Jouye (Auguste-Pierre), capitaine de sapeurs-pompiers à Belleville (Seine), pour son dévouement dans des incendies depuis vingt et un ans, et pour avoir exposé ses jours dans plusieurs circonstances.

M. Jouye est autorisé à porter cette médaille suspendue à la boutonnière par un ruban tricolore également divisé.

Ce diplôme lui a été délivré afin de perpétuer dans sa famille et au milieu de ses concitoyens le souvenir de son honorable et courageuse conduite.

Paris, le 9 *mai* 1860.

Le Ministre, secrétaire d'État au Département de l'Intérieur,
Signé : BILLAULT.

PAR LE MINISTRE :
Le Préfet directeur du Cabinet,
G. DE VAUX.

Quelques jours après, le 14 mai 1860, **M. Leroy**, capitaine, ayant donné sa démission, M. Jouye était nommé capitaine commandant de la 7e compagnie du 30e bataillon de la garde nationale de la Seine (Belleville).

Ci copie de la lettre de M. le colonel de l'État-major général, relative à cette nomination, ainsi que de celle de M. Bouton, commandant le 30e bataillon.

GARDE NATIONALE DE LA SEINE

Paris, 14 mai 1860.

Mon cher Commandant,

Le Général Commandant supérieur, qui a reçu la démission, que vous lui avez transmise, de M. Leroy, capitaine de la 7e compagnie du 30e bataillon, vous autorise à l'accepter et à donner le commandement de cette Compagnie à M. Jouye, ancien Capitaine des sapeurs-pompiers, mis en disponibilité par suite du licenciement de ce corps.

Cette disposition devra figurer à l'ordre du jour du 30e Bataillon, et je fais immatriculer M. Jouye dans sa nouvelle position sur les contrôles tenus à l'État-major général.

Recevez, mon cher Commandant, l'assurance de ma considération la plus distinguée.

Le Colonel chef d'État-major général,
Signé : A. ISNARD.

Lettre du chef du 30e bataillon à M. Jouye, Capitaine commandant la 7e compagnie :

Belleville, le 15 mai 1860.

Mon cher Capitaine,

J'ai l'honneur de vous informer que vous êtes nommé, par le Général commandant supérieur, Capitaine commandant la 7e compagnie de la garde nationale de la Seine, en date du 14 mai, en remplacement de M. Leroy, démissionnaire.

Je me félicite, mon cher Capitaine, d'avoir contribué à cette nomination.

Recevez, mon cher Capitaine, l'assurance de mes sentiments les plus dévoués.

Le chef du 30e bataillon,
Signé : A. BOUTON.

Homme de devoir et de dévouement, M. Jouye, indépendamment des services rendus et qu'il rendait continuellement, estima qu'il pouvait encore donner plus, et le 21 décembre 1861, il acceptait la fonction, qui lui était proposée, d'administrateur de la Caisse d'épargne, pour son arrondissement.

Suit copie de la lettre d'avis de cette nomination.

CAISSE D'ÉPARGNE DE PARIS

Paris, le 21 décembre 1861.

Monsieur,

Nous avons l'honneur de vous annoncer que le Conseil des Directeurs, dans sa dernière séance, vous a nommé Administrateur de la Caisse d'épargne.

Nous espérons que vous voudrez bien, en acceptant ces fonctions, seconder de votre zèle et de votre influence, les efforts que nous ne cessons de faire pour assurer de plus en plus le succès d'un établissement dont l'utilité est généralement reconnue et appréciée.

Recevez, Monsieur, l'assurance de notre considération distinguée.

L'Agent général,
Signé : A. PRÉVOST.

Les Membres du Comité de direction :
Signé : A. HUSSON, MONLENY,
CHARLES DARU, CAUTION et
BOURCENET.

En février 1864, M. JOUYE quitta le XXe arrondissement pour venir habiter la maison qu'il avait fait construire boulevard du Prince-Eugène, actuellement boulevard Voltaire, n° 25, XIe arrondissement.

Nous qui avons vécu et vivons encore dans son intimité, nous savons avec quels regrets il quitta ce XXe arrondissement, cette partie de l'ancien Belleville, qui l'avait vu naître à la vie publique, où il s'était marié, où il avait passé la partie la plus heureuse et la plus active de son existence si bien remplie, alors que l'âge commençait à marquer sa trace, sans toutefois ralentir son ardeur et son dévouement à ses concitoyens.

Nous l'avons toujours vu donner son temps, sans hésiter, à qui venait le solliciter pour une bonne œuvre à produire ou à encourager même de ses deniers.

LÉGION D'HONNEUR

Aussi, je puis affirmer que nous éprouvâmes tous une vive satisfaction en voyant M. Jouye recevoir, de l'Empereur, la haute distinction due à ses longs services et qu'il croyait ne jamais devoir mériter.

Le 16 août 1867 il était nommé Chevalier de la Légion d'honneur, à l'occasion de la fête du Souverain, et pendant le cours de cette magnifique exposition, qui attira à Paris le monde entier et que vinrent visiter tous les Souverains, comme pour rendre hommage à l'Empereur et à la France, dont ils semblaient reconnaître la suprématie.

Nous ne dirons pas l'émotion qu'il éprouva en recevant cet emblème de l'honneur et du devoir accompli. Chacun peut le comprendre ! Ce que nous pouvons dire, c'est qu'il ressentit l'une des plus grandes joies qu'il soit donné à l'homme d'éprouver et que ce fut l'un des plus grands jours de sa vie.

Nous donnons ici la copie du brevet :

ORDRE IMPÉRIAL DE LA LÉGION D'HONNEUR

Napoléon, par la grâce de Dieu et la volonté Nationale, Empereur des Français,

Chef souverain et grand-maître de l'Ordre impérial de la Légion d'honneur,

Voulant donner une preuve de notre satisfaction

A M. Jouye (Auguste-Pierre), capitaine au 30e bataillon de la garde nationale de la Seine, ancien sergent-major au 16e régiment de ligne, 35 ans de services militaires et civils, né le 8 mars 1809, à Tours, département d'Indre-et-Loire, pour les services qu'il a rendus à l'État.

L'avons nommé Chevalier de l'Ordre impérial de la Légion d'honneur, pour prendre rang à compter du 14 août 1867 et jouir du titre de Chevalier et de tous les droits, honoraires et prérogatives qui y sont attachés.

Fait au Palais des Tuileries, le 14 août 1867.

Signé : NAPOLÉON.

PAR L'EMPEREUR,
Le grand Chancelier,
Signé : FLAHAUT.

VU, VÉRIFIÉ, SCELLÉ ET ENREGISTRÉ
Reg. f° , n° 115,373.

Le Secrétaire général de l'Ordre,
Signé : DE VAUDRIMEY.

A ce brevet sont jointes trois lettres : l'une du Ministre de l'Intérieur et les deux autres de la grande chancellerie de la Légion d'honneur. Ces lettres, dont nous ne donnons pas copie, portent les numéros 28, 29 et 30 des archives particulières de M. JOUYE.

Deux mois après, le 26 octobre 1867, étaient réunis au café Corazza (Palais-Royal), quatre-vingt-quatre personnes, parents et amis, pour fêter solennellement cette décoration et acclamer le nouveau chevalier.

Au dessert, M. le commandant Bouton du 30e bataillon de la garde nationale, en termes chaleureux et émus, porta le premier un toast de félicitation et remit à M. JOUYE le brevet officiel de Chevalier de la Légion d'honneur, aux applaudissements de tous les convives.

M. Deschamps, directeur du Plan de Paris et plusieurs autres amis, portèrent également des toasts élogieux.

M. le docteur Goubert lut et donna à M. JOUYE une poésie qu'il avait composée pour la circonstance, et enfin un autre ami lui offrit un acrostiche composé sur son nom.

Nous donnons ici la copie de cette poésie et de l'acrostiche :

POÉSIE

DÉDIÉ A M. JOUYE (AUGUSTE-PIERRE)

Chevalier de la Légion d'honneur

Par M. GOUBERT, médecin

L'étoile qui, sur ta poitrine,
Etincelle comme un rubis
Et qu'au mérite on destine,
Rassemble en cercle tes amis.
Avant qu'on te l'eût donnée,
Ils te la décernaient déjà;
De leur suffrage environnée,
Elle acquiert un nouvel éclat.

Un prince ou noble qu'on décore
N'a pas besoin de mériter
Le ruban d'or dont on l'honore,
Et dont il se fait breveter.
A peine est-il né que son père
Sème des croix dans ses berceaux,
Profanant le prix qu'on vénère
Sur le Génie ou le Héros.

Mais quand, au peuple descendues,
Les croix cherchent, en discernant,
Les distinctions reconnues
De l'homme probe et bienfaisant,
Alors, rayon de la Justice,
L'Étoile couvre un noble cœur,
Et juste rémunératrice,
L'immortalise dans l'honneur.

ACROSTICHE.

J ouye sut toujours briller par sa mâle franchise,
O n sait qu'il a toujours l'équité pour devise,
U n jour n'est rien pour lui s'il n'a fait des heureux,
Y a-t-il plus obligeant, surtout plus gracieux?
E tre utile à chacun charme son existence.

Pendant les deux années qui suivent, 1868 et 1869, rien de remarquable ne se produisit dans la vie de M. Jouye. Il continue à rendre des services à l'administration et à ses concitoyens malheureux, au soulagement desquels il ne cessa de penser.

L'année 1870 arrive et avec elle l'épouvantable guerre avec l'Allemagne; l'Empereur est parti avec le jeune Prince Impérial, se mettre à la tête de l'armée, en adressant au Pays une proclamation dans laquelle il laisse percer des craintes malheureusement réalisées.

Nos premiers désastres sont publiés. Toute la nation est plongée dans la stupeur la plus profonde aux nouvelles terribles qui se succèdent du théâtre de la guerre.

Comme tous, M. Jouye, bien qu'ayant dépassé la soixantaine, sent son cœur battre de douleur; il se rappelle qu'il a été soldat et qu'il peut encore servir son pays. Il se présente alors à ses concitoyens du quartier de la Folie-Méricourt, lors de la formation de nouveaux bataillons de la Garde nationale, et il est élu, le 25 août 1870, capitaine en premier de la 2e compagnie du 57e bataillon.

Suit la copie du certificat, constatant cette élection. délivré le 5 janvier 1871, par le Maire du XIe arrondissement.

RÉPUBLIQUE FRANÇAISE

Ville de Paris — Mairie du XIe arrondissement

GARDE NATIONALE DE LA SEINE

57e Bataillon — *2e Compagnie sédentaire*

Grade	Capitaine en 1er.
Date de l'élection. . .	25 août 1870.
Nom.	Jouye.
Prénoms.	Auguste-Pierre.
Adresse.	Boulevard Voltaire, 25.

Délivré et certifié conforme aux procès-verbaux, par nous, maire du XIe arrondissement.

Paris, le 5 janvier 1871.

Le Maire,
Signé : MOTTU.

Les événements se suivent avec une épouvantable rapidité.

Nos malheurs ne s'arrêtent pas ; l'Empereur fait prisonnier à Sedan avec l'armée qui s'y était réfugiée, laisse le pouvoir en péril.

A cette nouvelle, une poignée d'hommes envahit les Chambres et le 4 septembre 1870 proclame la République.

Bientôt Paris est enveloppé par l'armée allemande qui en fait le siège et intercepte toutes communications avec le reste de la France.

Dans cette terrible situation, Paris se réveille ; il comprend qu'il ne peut rester inactif et qu'il peut espérer son salut. Il se met au travail incessant de jour et de nuit; fond des canons dont il arme ses remparts, fabrique des fusils dont il arme ses défenseurs, et offre bientôt le spectacle grandiose d'une ville qui sent sa valeur et sait en imposer à un ennemi puissant et terriblement armé.

Chacun fait silencieusement son devoir avec l'espérance de pouvoir saluer bientôt la délivrance.

Le 21 novembre 1870, M. Jouye reçoit de son Commandant, l'ordre suivant :

Le Général Commandant supérieur de la Garde Nationale de la Seine a reçu et accepté ma démission de Chef de Bataillon du 57e.

Je remets le commandement au plus âgé des capitaines

du bataillon, M. Jouve; c'est donc à lui qu'on s'adressera pour tout ce qui regarde le service.

Je quitte le bataillon avec le plus profond respect; je lui avais voué mon temps, mes soins et le peu d'intelligence que j'avais.

Je remercie tous ceux qui m'ont témoigné de la sympathie dans la tâche ardue que j'avais entreprise.

Signé : E. CHANUDET.

Le temps marche rapidement malgré l'hiver terrible de cette fatale année. Divers combats ont été livrés hors Paris, à Champigny et Villiers (1er et 2 décembre) et autres lieux, sans résultats décisifs pour nous. La faim se fait sentir de plus en plus avec les rigueurs du froid. Paris est imposant de résignation et de courage. Les femmes surtout dépassent en dévouement à la patrie, tout ce qui peut s'écrire et suffisent à elles seules pour illustrer la résistance héroïque de la Capitale.

Cependant Paris, engagé par un traité signé par ses chefs, à la fin de janvier 1871, ouvre à l'ennemi une partie de son territoire, qui tressaille de colère en se sentant foulé par la horde allemande.

Le peuple est encore en armes et se voyant dirigé par des mains débiles, rugit sous sa honte et chasse ces hommes que sa fureur épouvante.

Une guerre fratricide éclate plus terrible. Paris est de nouveau assiégé par l'armée régulière, revenue de captivité, et repris pied à pied, rue par rue.

L'émeute est enfin vaincue, mais le sang a coulé à flots et les incendies, allumés par les insurgés, ont détruit le Palais des Tuileries, celui de la Cour des Comptes, le Ministère des Finances et un certain nombre de maisons particulières.

Cependant le calme se rétablit; Paris recommence à

vivre sa vie ordinaire, oubliant promptement les événements épouvantables qui ont failli l'engloutir.

États de services de M. Jouye pendant le siège de Paris :

Capitaine en premier, nommé à la majorité des suffrages de ses concitoyens par 91 voix sur 109 votants, le 25 août 1870, jour de la formation du bataillon.

Chef de bataillon par intérim, du 14 novembre au 18 décembre 1870, il a formé, en vertu d'un décret, les compagnies de guerre du bataillon, il les a menées et commandées à la bataille de Villiers, qui eut lieu les 1er et 2 décembre 1870, et il quitta le service au licenciement de la garde nationale, le 18 mars 1871.

Le Gouvernement qui, au début de cette guerre civile, était allé s'installer à Versailles, vaque aux affaires publiques, en faisant appel au concours de tous les bons citoyens.

Par suite et à la date du 31 août 1871, M. Jouye est nommé membre de la Commission cantonale de la ville de Paris.

Nous donnons copie de la lettre du Maire annonçant cette nomination.

Monsieur,

J'ai l'honneur de vous annoncer que, sur ma proposition, M. le Préfet de la Seine vous a, par un arrêté du 29 août courant, nommé membre de la Commission cantonale de la Ville de Paris.

Une lettre nouvelle vous convoquera très prochainement pour procéder à l'élection du Président et du Secrétaire de la Commission.

Agréez, Monsieur, l'assurance de ma considération très distinguée.

Le Maire,
Signé : RUINET.

Le 27 novembre suivant, il est nommé Administrateur du Bureau de Bienfaisance du XIe arrondissement, par un arrêté de M. le Préfet de la Seine, que nous transcrivons ici.

ADMINISTRATION GÉNÉRALE

DE L'ASSISTANCE PUBLIQUE A PARIS

BUREAU DE BIENFAISANCE DU XIe ARRONDISSEMENT

Le Préfet de la Seine, Membre de l'Assemblée Nationale,

Vu l'article du règlement administratif sur les secours à domicile, en date du 20 mars 1860 ;

Vu la loi du 7 février 1851 ;

Vu l'arrêté en date d'hier, qui prononce la dissolution du Bureau de Bienfaisance du XIe arrondissement.

Vu la proposition du Directeur de l'Administration Générale de l'Assistance publique ;

Sur le rapport du Secrétaire Général de la Préfecture,

ARRÊTE :

ARTICLE PREMIER

Est nommé Administrateur du Bureau de Bienfaisance du XIe arrondissement, M. JOUYE (Auguste-Pierre), demeurant boulevard Voltaire, 25.

ART. 2.

Le Secrétaire Général de la Préfecture et le Directeur de l'Administration Générale de l'Assistance publique sont chargés, chacun en ce qui le concerne, de l'exécution du présent arrêté.

Paris, le 27 novembre 1871.

Signé : LÉON SAY.

Le Secrétaire Général de la Préfecture,

Signé : A. HUSSON.

Pour copie conforme, le Secrétaire général de l'Administration de l'Assistance publique,

Signé : BAILLY.

Pour extrait certifié conforme, le Maire du XIe arrondissement, président du Bureau de Bienfaisance,

Signé : FÉLIX DELPIRE.

Plus tard, le 12 octobre 1872, il reçoit de M. le Président de la Commission cantonale du XIe arrondissement, une lettre lui annonçant la fin des travaux de cette Commission, en vertu d'une lettre de M. Léon Say, Préfet de la Seine.

Ci copie de ces deux lettres :

Mon cher Collègue,

J'ai l'honneur de vous transmettre ampliation de la dépêche de M. le Préfet de la Seine, en date du 12 octobre 1872.

Par cette dépêche, M. le Préfet adresse aux membres de la Commission cantonale du XIe arrondissement les remerciements de la Commission supérieure pour les travaux par elle accomplis.

Recevez, mon cher collègue, l'assurance de ma considération très distinguée.

Signé : HAVARD.

Paris, le 12 octobre 1872.

Monsieur le Président,

Les travaux de la Commission cantonale du XIe arrondissement sont aujourd'hui terminés.

La Commission départementale me charge d'être son interprète pour vous remercier du zèle et du dévouement dont vous avez fait preuve dans l'accomplissement de la tâche dont vous avez bien voulu vous charger et que vous avez menée à bonne fin, avec le concours de la Commission cantonale.

Je vous prie, Monsieur le Président, de faire parvenir à MM. les membres de la Commission cantonale du XIe arrondissement les remerciements de la Commission supérieure.

Agréez, Monsieur le Président, l'assurance de ma considération distinguée.

Le Préfet de la Seine,
Signé : LÉON SAY.

Nous arrivons à l'année 1873 ; deux années se son écoulées depuis l'année terrible, dont Paris semble ne plus se rappeler que comme d'un événement déjà lointain.

Des projets de travaux sont élaborés pour donner du travail aux ouvriers qui en manquent, notamment par une Compagnie formée pour la création d'un chemin de fer métropolitain, devant surtout relier entre elles toutes les gares de Paris.

La presse s'occupe de ce vaste projet pour l'approuver ou le critiquer. Les uns le considèrent comme une chose très favorable et propre à faciliter les communications ; d'autres, au contraire, estiment que ce sera funeste au commerce parisien, en enlevant de Paris la masse des ouvriers qui le fait vivre.

La Compagnie, sans se préoccuper de ces polémiques, poursuit la réalisation de son projet et se met en rapport avec les notables habitants des arrondissements.

A cet effet, le 29 janvier 1873, une partie des notables habitants du XIe arrondissement est réunie à la mairie, pour entendre une communication relativement au parcours du chemin de fer métropolitain sur une grande partie du territoire de l'arrondissement, et aussi pour choisir, parmi eux; une Commission d'enquête afin d'étudier ledit projet et en faire un rapport à M. le Préfet.

Le bureau de cette réunion fut ainsi composé :

M. Gallimard, président; MM. Desportes et Jouye, assesseurs; et Cochelin, secrétaire.

Le Président, après avoir fait connaître le but de la réunion, donne la parole à M. Brunfault, ingénieur de la Compagnie, qui expose le but et le tracé à travers le XIe arrondissement.

Ces explications données, l'Assemblée nomme comme

membres de la Commission d'enquête, MM. Gallimard, Salmon, Bariquand, Turquetil, Desportes, Hochard, Ronchonnat, Jouye et Bengel.

Après plusieurs séances dans lesquelles chacun fit valoir ses observations, la Commission nomma pour rapporteur M. Salmon, juge au Tribunal de Commerce, et le 7 mars convoqua en Assemblée générale, dans l'un des salons de la Mairie, les notables habitants de l'arrondissement. A cette réunion, communication fut donnée du rapport qui devait être adressé à M. le Préfet de la Seine, avec prière à l'Assemblée de donner son avis.

Ce rapport, approuvé à l'unanimité, fut adressé à M. le Préfet le 20 du même mois. Il commençait par ces mots : « Messieurs, vous savez qu'il est question d'établir le plus près possible du centre de Paris, etc. » et se terminait ainsi : « à l'unanimité, l'Assemblée a décidé que ladite » Commission d'enquête serait priée de repousser le » projet présenté par la Compagnie et d'appuyer, auprès » de l'Administration, le contre-projet présenté par » M. Jouye, l'un de ses membres et adopté par l'Assem- » blée. »

Signé : GALLIMARD, président; SALMON, secrétaire-rapporteur; BARIQUAND, TURQUETIL, DESPORTES, HOCHARD, RONCHONNAT, JOUYE et BENGEL, membres de la Commission.

Le projet du métropolitain est toujours à l'étude, nous ne savons ce qu'il en adviendra; mais nous pouvons dire, à la louange de M. Jouye, qu'il est très honorable pour lui de savoir que son projet a été adopté par ses concitoyens de préférence à celui proposé par la Compagnie, fondée à cet objet.

Le 1er octobre 1873, le Bureau de Bienfaisance du XIe arrondissement, voulant reconnaître les services rendus par ses membres, décerna à chacun d'eux, et conséquemment à M. Jouye, une médaille en argent.

Ci-dessous la copie du certificat délivré en attestation de ce fait.

ADMINISTRATION GÉNÉRALE DE L'ASSISTANCE PUBLIQUE

BUREAU DE BIENFAISANCE DU XIe ARRONDISSEMENT

QUÊTE A DOMICILE. — ANNÉE 1873.

M. le Maire, président, MM. les Adjoints et MM. les Administrateurs du Bureau de bienfaisance certifient que M. Jouye (Auguste-Pierre), Administrateur du Bureau de Bienfaisance, demeurant boulevard Voltaire, n° 25, a mérité une médaille d'argent pour le concours qu'il a prêté au Bureau de Bienfaisance à l'occasion des quêtes à domicile qu'il a faites au profit des pauvres pendant l'hiver 1872-1873 et pendant les hivers 1864-1865, 1865-1866, 1866-1867, 1867-1868, 1868-1869, 1869-1870, 1870-1871, 1871-1872.

En foi de quoi, le présent certificat lui a été délivré comme gage de reconnaissance.

Signé : Le Maire, président, Félix DELPIRE ; les adjoints, MOUREY, GRADOS et SCHMIT; le vice-président, MORGAND aîné; le secrétaire honoraire, GUILLAUME ; l'ordonnateur, FOUINAT.

Paris, le 1er octobre 1873.

Nous voici à la fin de l'année 1874, le Conseil municipal de Paris doit être renouvelé. Divers candidats d'opinions différentes et d'un républicanisme plus ou moins accentué sont en présence.

Un comité électoral du XIe arrondissement, composé de MM. Aubert, Bican, Boyreau, Grim, Courlade, Gaveau, Lecouteux, Plat, Rhims, Guy (Albert) et autres, recommandèrent aux suffrages de leurs concitoyens, MM. Jouye, Gallimard, Lagorge et Schmit, comme candidats au Conseil municipal de Paris pour le XIe arrondissement.

Le 28 novembre 1874, jour des élections municipales, M. Jouye, candidat pour le quartier de la Folie-Méricourt, obtint 1,002 voix. (Voir le *Figaro* et autres journaux de ce jour et du 1er décembre 1874.)

Ce chiffre de voix, bien que relativement faible, fut cependant important et très honorable pour M. Jouye, connaissant les opinions très avancées de la population du XIe arrondissement et du quartier de la Folie-Méricourt en particulier.

Mais, un peu plus tard, le 14 décembre 1877, il est élu par l'Assemblée générale des Fondateurs de la Caisse des Écoles de l'arrondissement, membre de cette même Caisse des Ecoles, affirmant par là le mérite de M. Jouye.

Suit la copie du procès verbal.

DÉPARTEMENT DE LA SEINE

VILLE DE PARIS

MAIRIE DE POPINCOURT. — XIe ARRONDISSEMENT

Extrait de la séance du 14 décembre 1877 (Assemblée générale des Fondateurs de la Caisse des Écoles).

M. le président invite les membres présents à déposer leur

bulletin de vote pour l'élection de neuf membres du Conseil d'administration de la Caisse des Écoles, en conformité de l'article 6, titre IV des statuts.

Le dépouillement des votes donne les résultats suivants :

MM. . . . . et Jouye, vingt-cinq voix.

En conséquence, M. Jouye est nommé membre du Conseil d'administration de la Caisse des Écoles.

POUR COPIE CONFORME :
Le Maire,
Signé : J. BARIQUAND.

Le 20 juin 1878, M. le Préfet de police, ne pensant pas faire un meilleur choix, le nomme membre de la Commission instituée pour la protection des enfants du premier âge.

Suit la copie de cette nomination.

PRÉFECTURE DE POLICE

Secrétariat général
N° 1031

Personnel

Paris, le 20 juin 1878.

Nous, Préfet de Police,

ARRÊTONS :

M. Jouye, propriétaire, est nommé membre de la Commission instituée dans le XIe arrondissement pour concourir à l'application de la loi du 23 décembre 1874 relative à la protection des enfants du premier âge.

Le Préfet de police,
Signé : A. GIGOT.

POUR EXTRAIT CONFORME :
Le Secrétaire général,
Signé : DE BULLEMONT.

Nous ne pouvons terminer cette notice d'un homme de bien sans citer les nombreuses sociétés dont M. Jouye fait partie, soit comme membre honoraire ou perpétuel, soit comme fondateur, et dans lesquelles sa place était naturellement marquée.

SOCIÉTÉS DE SECOURS ET DE SAUVETAGE

Société de Secours mutuels des quartiers de la Folie-Méricourt et de Saint-Ambroise : Le 19 janvier 1875, M. Jouye est proclamé membre perpétuel de cette société, en séance générale.

Nous n'avons pas la copie de ce procès-verbal et nous n'avons pas jugé utile de nous la procurer.

Société des Sauveteurs de la Seine : Le 25 janvier 1875 il est nommé membre honoraire perpétuel de cette société, dont il était déjà simple membre honoraire depuis le 10 décembre 1861.

Nous donnons copie du diplôme, à lui délivré dans les termes les plus élogieux.

SOCIÉTÉ DES SAUVETEURS MÉDAILLÉS DU GOUVERNEMENT

La Société des Sauveteurs de la Seine a, dans sa séance du 24 janvier 1875, élevé à la qualité de membre honoraire perpétuel M. Jouye (Auguste-Pierre), propriétaire, Chevalier de la Légion d'honneur, décoré d'une médaille d'honneur de 2me classe en argent, admis membre honoraire le 10 décembre 1861, en témoignage tout à la fois de la haute estime et de la reconnaissance de la Société; M. Jouye *ayant été militaire et capitaine des sapeurs-pompiers.*

En foi de quoi le présent diplôme lui a été délivré à Paris, le 15 janvier 1875.

Le Président,
Signé : Duc de FITZ-JAMES.

Le Vice-Président,
ANDROUET-DU CERCEAU.

Le Secrétaire général,
VUILLERMEDUNAND.

Le 3 septembre 1877, il reçoit, de cette même Société, une médaille de bronze, en témoignage de reconnaissance pour son dévouement éprouvé aux intérêts et à la grandeur de la dite société.

SOCIÉTÉ DES SAUVETEURS DE LA SEINE

Fondée à Paris en 1845, et reconnue comme établissement d'utilité publique.

DIPLOME

D'UNE MÉDAILLE DE BRONZE

La Société des Sauveteurs a, dans son Assemblée générale et solennelle du 3 septembre 1877, décerné le prix de la Société à M. JOUYE (Auguste-Pierre), membre honoraire perpétuel, *ancien membre honoraire*, en témoignage de reconnaissance pour son dévouement éprouvé aux intérêts et à la grandeur de la Société.

En foi de quoi le présent diplôme a été délivré à M. JOUYE (Auguste-Pierre), né à Tours (Indre-et-Loire), le 8 mars 1809.

Paris, le 3 septembre 1877.

Le Président,
Signé : Duc de FITZ-JAMES.

Le Vice-président,
ANDROUET-DU CERCEAU.

Le Secrétaire général,
VUILLERMEDUNAND.

Les Administrateurs délégués,
J. DELARUE, BONNE.

VU ET ENREGISTRÉ SOUS LE N° 25

Paris, le 3 septembre 1877.

Le Secrétaire,
Signature ILLISIBLE

Le 30 novembre 1880, il en est nommé Administrateur pour 3 ans, conformément à l'article 17 des statuts. Cette nomination a été confirmée en Assemblée générale, tenue le 30 janvier 1881, au scrutin secret, par 131 suffrages sur 160 votants.

Ci copie de la lettre annonçant la dite nomination.

SOCIÉTÉ DES SAUVETEURS DE LA SEINE

RECONNUE D'UTILITÉ PUBLIQUE

Paris, le 30 *novembre* 1880.

Monsieur et cher Collègue,

Je suis heureux de vous informer que, dans sa séance du 29 courant, le Conseil administratif de la Société vous a élu Administrateur, en remplacement de M. Richel, démissionnaire.

Veuillez agréer, Monsieur et cher Collègue, avec mes sincères félicitations, l'assurance de mes sentiments dévoués.

Le premier Vice-Président,
R. BURGUES.
Chevalier de la Légion d'honneur.

Société de Secours mutuels des Amis d'apprentissage : Le 16 janvier 1876, il est nommé membre perpétuel de cette société, dont il faisait partie, comme membre honoraire, depuis le 27 janvier 1861.

Et le même jour, il en reçoit un diplôme d'honneur, en témoignage de reconnaissance des services rendus et afin d'en perpétuer le souvenir au milieu des siens.

Ci copie du diplôme d'honneur.

SOCIÉTÉ DE SECOURS MUTUELS

DES AMIS D'APPRENTISSAGE

La Société de Secours mutuels des Amis d'apprentissage, réunie en assemblée générale le 16 janvier 1876, a décerné à M. JOUYE (Auguste), ce diplôme d'honneur comme témoignage de sa reconnaissance pour les services qu'il a rendus à la Société et afin d'en perpétuer le souvenir au milieu des siens.

Le Président,
Signé : DUBAIL.

Les Vice-Présidents,
NORMAND, LESSEUR.

Le Secrétaire,
Ed. RIEUPEYROUX.

(L'autre y est joint.)

Société Française de Sauvetage. — Le 1er janvier 1880, E. JOUYE est nommé membre fondateur de cette société, conformément au diplôme à lui délivré et ci-dessous rapporté ; puis le 18 novembre suivant, il en est nommé Administrateur, par délibération approuvée à l'unanimité en assemblée générale, tenue le 28 janvier 1881 sous la présidence de M. Turquet, député, sous-secrétaire d'État au ministère des Beaux-Arts.

Ci la copie de la lettre d'avis de cette nomination et du diplôme sus-relaté.

SOCIÉTÉ FRANÇAISE DE SAUVETAGE

Courage *Dévouement*

DIPLÔME DE MEMBRE FONDATEUR

Délivré à M. Jouye (Auguste-Pierre), Chevalier de la Légion d'honneur, dans l'assemblée générale du 1er janvier 1880.

Le Président,
EDMOND TURQUET,
Député, Sous-Secrétaire d'État des Beaux-Arts.

Le Secrétaire,
H. HUSSENOT.

Un Administrateur,
C. RICHEL.

SOCIETE FRANÇAISE DE SAUVETAGE

Paris, le 18 novembre 1880.

Monsieur et cher Collègue,

Je suis heureux de vous informer que, dans sa séance du 17 courant, le Conseil d'administration vous a élu Administrateur à l'unanimité, conformément à l'article 29 des statuts, en remplacement de M. Descors, démissionnaire.

Veuillez agréer, Monsieur et cher Collègue, avec mes sincères félicitations, l'assurance de mes sentiments dévoués.

L'Administrateur délégué,
RENARD.

En outre, le 10 avril 1885, il est nommé membre bienfaiteur, conformément au diplôme ci-contre :

SOCIÉTÉ FRANÇAISE DE SAUVETAGE

Courage *Dévouement*

DIPLÔME DE MEMBRE BIENFAITEUR

Délivré à M. Jouye (Auguste-Pierre), Chevalier de la Légion d'honneur, né à Tours, le 8 mars 1809, dans sa séance générale, présidée par M. Turquet, député et Sous-Secrétaire d'État au ministère de l'Intérieur, qui a eu lieu le 10 avril 1885.

Le Président,
Edmond TURQUET.

Le Secrétaire,
Hubert HUSSENOT.

Un Administrateur,
RENARD.

Le Vice-Président du Conseil,
Jules DELARUE.

Puis le 26 décembre 1886, il reçoit, de cette société, un diplôme d'honneur, dans la séance générale tenue sous la présidence d'honneur du général Boulanger, ministre de la guerre, et de M. Turquet, député, président de la dite société.

Nous donnons copie de ce diplôme d'honneur.

SOCIÉTÉ FRANÇAISE DE SAUVETAGE

RECONNUE D'UTILITÉ PUBLIQUE

Courage *Dévouement*

DIPLOME D'HONNEUR

DE MEMBRE BIENFAITEUR ET FONDATEUR DE LA DITE SOCIÉTÉ

Délivré à M. Jouye (Auguste-Pierre), Chevalier de la Légion d'honneur, né à Tours, le 8 mars 1809, dans sa séance générale, présidée par M. le Général Boulanger, ministre de la guerre, et de M. Turquet, député et président de la Société, qui a eu lieu à la Sorbonne, le 26 décembre 1886.

Enfin nous indiquons pour terminer, que M. Jouye fait encore partie, comme Membre honoraire ou Fondateur de plusieurs autres Sociétés de bienfaisance, dont il ne nous a pas paru nécessaire de transcrire ici les diplômes.

Le Président,
Edmond TURQUET.

Le Secrétaire,
Hubert HUSSENOT.

Un Administrateur,
RENARD.

Le Vice-président du Conseil,
Jules DELARUE.

Telle est la vie bien remplie de M. Jouye qui, arrivé actuellement à un âge très avancé, continue encore à rendre des services à ses concitoyens, ne se lassant jamais de faire le bien partout où il en trouve l'occasion.

Nous devons ajouter que de son mariage avec Mme Jouye, il n'a pas eu d'enfants.

C'est une des grandes douleurs de son existence. Il eût été si heureux de se voir revivre dans ses enfants et petits-enfants !

Il faut s'incliner devant les desseins de la Providence, ses décrets sont impénétrables !!! Croyons que tout s'accomplit pour notre plus grand bien.

C'est avec cette phrase que nous terminons cette petite notice, que nous avons écrite avec bonheur, certain d'être approuvé par les nombreux amis de M. Jouye.

Un Ami et Compatriote.

Nota. — La présente Notice forme, avec les modifications et additions qu'elle contient, comme le complément ou plutôt une seconde édition de celle imprimée en 1880.

CERTIFICATS D'ACTES DE SAUVETAGE

Adressés à M. JOUYE

En 1848, le 27 mars, par M. le maréchal-des-logis de la gendarmerie de Belleville :

Je soussigné, Girard, maréchal-des-logis de gendarmerie de Belleville (Seine), commandant la brigade de gendarmerie de cette ville, certifie que le 25 mars 1848, faisant une tournée de service sur les buttes Chaumont, où travaillent à la terrasse tous les ouvriers sans ouvrage au nombre d'environ 2,000, payés par la commune pour faire le tracé et le nivellement de l'ouverture d'une rue traversant les dites buttes.

J'ai trouvé, sur les une heure de relevée, M. Jouye, ingénieur et agent voyer de cette ville, chargé par M. le Maire de diriger les travaux de ladite rue, aux prises avec plusieurs de ces ouvriers au sujet d'un placard affiché par eux sur les travaux, par lequel ils réclamaient une augmentation de salaire et excitaient à la révolte ; que M. Jouye, comme étant leur chef, a arraché et détruit ce placard comme provoquant au désordre. Cet acte d'énergie ayant exaspéré un certain nombre d'entre eux, il n'a dû qu'à notre intervention de ne pas être précipité dans un fontis de carrière d'environ dix mètres de profondeur, ce qui eût infailliblement causé un événement. L'effervescence passée, M. Jouye a fait preuve d'énergie et de courage en continuant de faire exécuter ses travaux sans avoir cédé à aucune espèce d'intimidation.

Belleville, 27 *mars* 1848.

Signé : GIRARD.

La signature apposée ci-contre est bien celle du sieur Girard, maréchal-des-logis de gendarmerie.

Le Maire,
Signé : DESNOYERS.

Belleville, le 18 *décembre* 1857.

Dans la même année, le 2 mai, par M. Courty, secrétaire général de la mairie de Belleville :

Le soussigné, chef des bureaux de la mairie de Belleville, atteste que M. Jouye, agent voyer de cette ville, a dirigé seul, en 1848, les travaux exécutés sur le territoire de Belleville par les ouvriers des ateliers de la commune, dont l'effectif s'élevait à 2,863 hommes et enfants.

Que M. Jouye n'a reçu aucun traitement particulier pour la rémunération de ce pénible service dont l'avait chargé l'administration municipale.

Que ce service nécessitait de sa part une surveillance des plus actives, et a exigé, pendant toute la durée des travaux, sa présence continuelle dans les ateliers ;

Que les efforts constants de M. Jouye pour maintenir l'ordre parmi les ouvriers, ou pour en obtenir un labeur consciencieux et le plus profitable possible à la commune, souvent mal appréciés par les meneurs et les mutins, lui attirèrent l'inimitié de ceux-ci, qui lui suscitèrent journellement toutes sortes de tracasseries en excitant les masses de travailleurs à la rébellion et à l'émeute, et en proférant contre lui à chaque instant des menaces de mort ;

Que la lutte qu'il eut à soutenir le 25 mars dernier, à laquelle mit fin l'heureuse intervention de M. le maréchal-des-logis de gendarmerie, n'est qu'un épisode des scènes violentes qui se renouvelèrent chaque jour.

Le soussigné, qui a une parfaite connaissance des faits ci-dessus signalés, et particulièrement du courage, du dévouement et du désintéressement dont M. Jouye fit preuve dans l'accomplissement de sa périlleuse mission, a dressé la présente attestation pour rendre hommage à la vérité et donner à M. Jouye un sincère témoignage de son estime.

Fait à Belleville, le 2 mai 1848.

Signé : J. COURTY.
Secrétaire général de la Mairie.

La signature apposée ci-contre est bien celle de M. Courty, ancien secrétaire de la mairie de Belleville.

Belleville, le 18 *décembre* 1857.

Le Maire,
Signé : DESNOYERS.

En 1853, le 9 février, par M. Godey, ex-adjoint, maire de Belleville :

Je certifie, comme adjoint à la mairie de Belleville, à l'époque des événements de décembre 1851, qu'ayant appris qu'on désarmait à domicile dans divers quartiers de la commune, j'ai, en l'absence du maire (qui était hors de la commune), donné l'ordre de commander à domicile la garde nationale, qui répondit à cet appel d'une manière générale. Tout le monde, officiers et soldats, a fait son devoir.

La 4e compagnie, ses officiers en tête, au nombre desquels figurait M. Jouye comme lieutenant, a fait une patrouille dans la commune ; elle a rencontré quelques égarés qui commençaient une barricade, elle les a dispersés et en a même arrêté quelques-uns.

C'est pourquoi je donne le présent certificat au sieur Jouye pour lui servir en temps et besoin.

Belleville, le 9 février 1853.

Signé : GODEY,
Ex-Adjoint, Maire,
Propriétaire, 21, rue de Paris, à Belleville.

Vu pour la légalisation de la signature de M. Godey, apposée ci-dessus.

Le Maire de Belleville,
Signé : DESNOYERS.

Dans la même année, le 4 août, par M. Pentray, propriétaire :

Je soussigné, Pentray, membre du Conseil municipal, propriétaire et marchand de bois, demeurant à Belleville, rue des Amandiers, 35,

Certifie que le 4 août 1853, à 2 heures de relevée, le feu s'est déclaré dans la cave de ma maison et qu'à la première alerte, M. Jouye, capitaine des sapeurs-pompiers de la commune, y est accouru avec sa pompe, accompagné de plusieurs hommes de sa compagnie ;

Que, s'étant de suite mis à manœuvrer, ils se rendirent maîtres du feu après deux heures d'un pénible travail ;

Que, pendant le sauvetage, le capitaine Jouye et le caporal Maguerot ont été remontés presque asphyxiés, de la cave où ils étaient depuis plus d'une demi-heure occupés à éteindre le foyer du feu ;

Que ce fut par les soins de M. Bodard, médecin, demeurant rue de la Mare, n° 108, qui se trouvait sur le lieu du sinistre, qu'ils reprirent connaissance et revinrent à eux. Je n'ai que des éloges à adresser à M. Jouye et à la compagnie pour le zèle et l'activité dont ils ont fait preuve pour éteindre ce feu, qui présentait un grand danger.

M. Pommier, maire de Belleville, le commissaire de police, les gendarmes et les agents étaient présents et témoins des faits ci-dessus signalés.

En foi de quoi j'ai envoyé ce certificat à M. Jouye, pour le remercier, en le priant de vouloir bien remercier sa compagnie pour moi.

Signé : PENTRAY.

Vu pour la légalisation de la signature du sieur Pentray apposée ci-contre :

Belleville, le 1er février 1857.

Le Maire,
Signé : DESNOYERS.

Lettre du même :

A M. Jouye, *capitaine des sapeurs-pompiers de la ville de Belleville* (Seine).

Monsieur,

Afin de vous éclairer sur les sinistres qui pendant plusieurs jours ont causé l'alarme dans le pays, je vous envoie ci-joint le détail. Le premier incendie a commencé le 15 juillet dans les lieux d'aisances construits en planches rue Duris, n° 9; le 2 août, à neuf heures et demie du soir, dans la cave de mon locataire, M. Levilly; le 4 août, à deux heures de relevée, dans ma cave; dans la nuit du 4 août, dans le fond de mon chantier de bois; le 5 août, à une heure et demie de relevée, cave de M. Goutchot; à 4 heures, reprise du même feu; le 6 août, à une heure de relevée, derrière l'atelier de menuiserie; à 3 heures, au fond de mon chantier; à 4 heures, sous l'escalier, et, à la même heure, au fond, en face; le 7, à 8 heures, reprise du feu chez M. Levilly.

C'est par votre empressement et celui des braves sapeurs de votre compagnie que je dois la conservation de mon établissement et de ma propriété.

Je vous remercie sincèrement d'avoir combattu, pendant plusieurs jours de suite, la malveillance qui s'obstinait à vouloir la destruction du quartier.

Car je considère, par la quantité d'aliments combustibles que contient mon chantier de planches, que j'étais le point de mire.

Acceptez ma reconnaissance, mes remerciements.

Votre tout dévoué,

Signé : PENTRAY.

Vu pour la légalisation de la signature du sieur Pentray, apposée ci-contre.

Belleville, le 1er février 1853.

Le Maire,

Signé : DESNOYERS.

Dans la même année, le 18 août, le docteur Bodard, qui avait soigné M. Jouye, lui adressait le certificat dont voici la copie :

Je soussigné, Bodard, médecin, demeurant rue de la Mare, n° 108, à Belleville.

Certifie que M. Jouye, capitaine des sapeurs-pompiers, s'est trouvé asphyxié en portant des secours au feu de cave qui s'est déclaré chez Pentray, rue des Amandiers, n° 35, à Belleville, le 4 août 1853, et qu'il a été remonté de la cave, où il était depuis une heure occupé à éteindre le foyer du feu. Je lui ai donné tous les soins que réclamait son état et l'ai rappelé à la vie.

Les autorités étaient présentes.

Signé : BODARD,
Médecin du corps médical
de la Société des Sauveteurs de la Seine.

Vu pour légalisation de la signature du sieur Bodard, apposée ci-contre.

Belleville, le 1er février 1857.

Le Maire,
Signé : DESNOYERS.

En 1855, le 11 septembre, par M. Micol, maire du XIXe arrondissement :

Je soussigné, Émile-Henri Micol, ancien maire de la commune de Belleville, aujourd'hui maire du XIXe arrondissement de la ville de Paris, certifie qu'il est à ma connaissance que, dans la matinée du 11 septembre 1855, deux ouvriers du sieur Halardy, maître maçon, employés à creuser une cave dans la maison située chaussée Ménilmontant, n° 44, à Belleville, ont été ensevelis sous les décombres provenant d'un éboulement ;

Que M. Jouye, capitaine des sapeurs-pompiers, s'est transporté immédiatement sur les lieux et a dirigé le sauvetage.

Enfin, que ces deux ouvriers ont été retirés, l'un vivant, l'autre mort.

Signé : MICOL.

En 1857, le 22 septembre, par M. le Maire de Belleville :

Mon cher Capitaine,

J'ai été témoin de toute votre sollicitude pour le malheureux Haguin, enseveli le 19 de ce mois, par son imprudence, sous les décombres du puits qu'il avait entrepris de démolir, 67, chaussée Ménilmontant, à Belleville.

Grâce à votre énergie et à l'intelligence dont vous avez fait preuve dans les dispositions prises, le sauvetage a été fait. Aucun des nouveaux malheurs que l'on pouvait craindre n'est arrivé, et c'est pour moi une véritable satisfaction de vous remercier du zèle infatigable que vous avez déployé pendant sept heures pour lui conserver la vie.

Cette circonstance vient encore ajouter à l'affection que déjà je vous portais et que vous savez si bien mériter.

Recevez l'assurance de mes sentiments affectueux.

Le Maire,
Signé : DESNOYERS.

Dans la même année, le 24 septembre, par M. Jullet, commissaire de police :

Je soussigné, commissaire de police chargé de la deuxième section de Belleville, certifie que, le 19 septembre 1857, M. Jouye, capitaine des sapeurs-pompiers de Belleville, a, en ma présence et celle de MM. Desnoyers, maire, Depille, curé, et d'une grande partie des habitants de la section, dirigé le sauvetage du nommé Haguin, ouvrier terrassier, enseveli dans le puits de la maison nº 67, chaussée Ménilmontant, à Belleville, à la suite d'un double éboulement; que c'est après neuf heures d'un pénible travail, qu'il est parvenu, avec le concours d'autres travailleurs, à l'arracher vivant à une mort certaine, car indépendamment de son mauvais état, ce puits était empoisonné.

Je me plais à reconnaître que les témoignages de reconnaissance que les spectateurs ont fait entendre par leurs applaudissements et leurs bravos, en voyant le sieur Haguin sortir du puits, étaient mérités et démontraient l'intelligence dont M. Jouye a fait preuve par tous les moyens qu'il a employés.

C'est pourquoi je lui ai délivré le présent aux fins de droit.

Belleville, ce 24 septembre 1857.

Le Commissaire de police,
Signé : JULLET.

INCENDIE DE LA VILLETTE

En 1858, le 10 août, la compagnie des sapeurs-pompiers de Belleville, commandée par son capitaine M. Jouye, est arrivée une des premières sur les lieux du sinistre, 7 heures du soir, et n'a quitté que le lendemain matin, 6 h. 1/2.

(Voir le rapport du capitaine et le compte rendu des journaux de l'époque.)

En 1858, le 17 août, par M. le Maire de Belleville :

Je m'empresse, mon cher Capitaine, de vous transmettre la lettre du sieur Aubert, et c'est avec satisfaction que je vois l'empressement que vous avez mis de nouveau dans cette circonstance à vous rendre utile.

Recevez mes salutations respectueuses.

Le Maire,
Signé : DESNOYERS.

Copie de la lettre sus-mentionnée adressée par M. Aubert à M. le Maire de Belleville :

Belleville, le 17 *août* 1858.

Monsieur le Maire,

J'ai l'honneur de vous faire connaître que Mme Hippolyte Lazare, locataire de la maison dont je suis propriétaire, passage de l'Alma, n° 19, dans laquelle maison il existe un puits mitoyen avec le sieur Dumonteil, propriétaire et entrepreneur, qui avait seul l'entretien du puits non achevé, est tombée ce matin, vers dix heures, dans ce puits, en tirant de l'eau, par suite de la rupture d'une mauvaise corde qui attachait la poulie à la barre de traverse.

A la première alerte, M. Jouye, capitaine des sapeurs-pompiers, M. Hippolyte Lazare, mari de ladite dame, et moi, sommes arrivés sur les lieux les premiers et avons commencé le sauvetage, aidés de plusieurs personnes qui sont arrivées.

Le nommé Deschamps, cordonnier, demeurant passage d'Isly, n° 22, à Paris, est descendu dans ce puits et a soigneusement attaché cette pauvre femme à la corde que nous tenions ; dix minutes après, nous avions le bonheur de la remonter vivante, puis nous remontâmes le courageux Deschamps.

M. Jullet, commissaire de police de Ménilmontant, que M. Jouye avait fait prévenir, est arrivé sur les lieux, a dressé procès-verbal de ces faits et a envoyé chercher un médecin.

Tous les assistants ont admiré le courage de cette pauvre femme, qui, après être tombée dans ce puits, qui n'a pas moins de 8 mètres 50 centimètres, a eu l'énergie de se retourner, de sortir de l'eau et de se tenir, pendant les préliminaires de sauvetage, à la surface, sans perdre son sang-froid.

Il est dû des remerciements au sieur Deschamps, qui n'a pas hésité à descendre dans ce puits, et à M. Jouye, qui lui-même voulait y descendre, et à qui on a fait observer qu'il serait plus utile à l'orifice du puits pour diriger le remontage.

Il en est dû aussi à plusieurs personnes dont je regrette de ne pouvoir citer le noms.

J'ai l'honneur d'être, Monsieur, votre très humble serviteur.

Signé : AUBERT,
Propriétaire de la maison.

J'affirme que les faits ci-dessus sont exacts et qu'ils se sont tous passés comme il est dit avec sincérité.

Signé : Hippolyte LAZARE.

Certifions que les faits énoncés d'autre part sont parfaitement exacts.

Le Commissaire de police,
Signé : JULLET.

Belleville, ce 15 décembre 1858.

En 1859, le 29 octobre, par M. François, propriétaire :

Je soussigné, François, peintre en bâtiment et propriétaire de la maison située à Belleville, rue de la Mare, n° 54, y demeurant,

Déclare que le feu a pris le 25 octobre 1859, à dix heures du soir, dans le magasin de fourrages que j'ai loué à M. Biolacque, magasin qui n'est séparé de mon atelier de peinture que par une faible cloison en bois; et qu'à la première alerte et au commencement du feu, M. Jouye, capitaine-commandant des sapeurs-pompiers de la ville de Belleville, y est accouru avec sa pompe, traînée par lui et deux soldats qu'il avait requis au poste de Ménilmontant, et qu'il attaqua immédiatement le feu dans son foyer.

Quelques instants après son arrivée, je le prévins que le feu pénétrait dans mon atelier de peinture, où se trouvaient des bouteilles (dames-jeannes) remplies d'huile et d'essence. Il me répondit : « Eh bien, entrons-y et sauvons-les, car, si le feu les gagne, cela deviendra dangereux et difficile à éteindre. »

Nous y entrâmes, et tous deux nous enlevâmes les bouteilles et toutes les matières inflammables susceptibles d'alimenter le feu qui y était.

C'est donc grâce à l'énergie et au dévouement de M. Jouye, que nous n'avons pas eu de plus grands malheurs à déplorer.

Je certifie aussi que, pendant ce temps, les autres sapeurs, dirigés par le sous-lieutenant Jacob et le sergent-major Renon, attaquèrent résolûment le feu dans son foyer, et que leur courage et leur zèle a été au-dessus de tout éloge; à une heure du matin le feu était éteint.

Il est dû aussi des éloges à M. le Commissaire de police de Ménilmontant, qui, assisté de ses agents et de la gendarmerie, a contribué énergiquement à l'extinction de cet incendie et au maintien de l'ordre.

Belleville, le 27 octobre 1859.

Signé : FRANÇOIS (Charles).

Vu pour certificat de la signature François ci-dessus.

Paris, ce 25 mars 1860.

Le Commissaire de police du quartier de Belleville,
Signé : JULLET.

En 1860, le 26 mars, par M. Plion, cocher :

Je soussigné, Joseph Plion, cocher, demeurant à Paris, XVIIIe arrondissement, rue Amélie, no 3, barrière Blanche ;

Déclare et atteste :

Que le dimanche, 25 mars courant, comme je conduisais ma voiture de remise no 4,923, et que je me trouvais à hauteur du no 29 de la rue des Moulins, XIXe arrondissement, ci-devant Belleville, mon cheval s'est emporté, et qu'après avoir parcouru toute cette rue et tourné dans celle de Paris, il a été arrêté dans cette dernière, en face du no 90, par

M. Jouye, propriétaire, qui, au moment où ma voiture allait en accrocher une autre, s'est jeté courageusement, et sans calculer le danger auquel il s'exposait, au devant de mon cheval, et l'a saisi par la tête.

Grâce à cet acte de dévouement de M. Jouye, et à l'assistance qu'il a reçue de MM. Tourde, marchand de charbon, rue de la Mare, n° 4, et Debarle, maréchal-ferrant, à Bagnolet, j'ai pu reprendre et conduire ma voiture sans avoir à déplorer aucun malheur.

Signé : PLION (Joseph).

Vu pour certification de la signature Plion (Joseph), apposée ci-dessus.

Le Commissaire de police du quartier des Grandes-Carrières,
Signé : (Illisible).

Témoins des faits énoncés ci-contre, nous, soussignés, affirmons qu'ils sont exacts, car c'est nous qui sommes venus au secours de M. Jouye, que le cheval entraînait.

Signé : TORUDE, DEBARLE.

Vu pour certification des signatures Tourde et Debarle c i-contre

Paris, ce 24 avril 1860.
Le Commissaire de police du quartier de Belleville,
Signé : JULLET.

Dans la même année, le 15 avril, par M. Bouton, commandant du 30$_e$ bataillon de la garde nationale :

Le chef de bataillon soussigné, qui depuis plus de seize ans fait partie de la garde nationale de Belleville, comme lieutenant, capitaine et chef de bataillon,

Certifie qu'il a une parfaite connaissance que M. Jouye, ingénieur-géomètre, a été incorporé en 1845 dans la compagnie des Voltigeurs, dans laquelle j'étais lieutenant; qu'en avril 1848, il a été nommé, par l'estime de ses concitoyens, lieutenant de la 4e compagnie; et qu'en mars 1852, S. M. l'Empereur l'a nommé capitaine des sapeurs-pompiers de la ville de Belleville, fonctions qu'il a remplies toujours avec zèle et dévouement, en donnant chaque jour des preuves, en se portant sur le lieu des sinistres pour secourir ses concitoyens.

Il certifie en outre que, depuis 1845, M. le capitaine JOUYE s'est trouvé à toutes les prises d'armes qui ont eu lieu dans la ville de Belleville, pour le maintien de l'ordre et la répression des émeutes; qu'il jouit de l'estime des autorités, de tous ceux qui le connaissent et particulièrement de la mienne.

C'est pourquoi je lui ai délivré le présent certificat, qui atteste ses services dans la garde nationale jusqu'à ce jour, époque de la dissolution du corps des pompiers.

Belleville, le 15 *avril* 1860.

Le Chef du 30e bataillon,
Signé : A. BOUTON.

COPIES

DES

Articles de différents journaux relatant les actes de sauvetage dirigés par M. JOUYE

On lit dans le journal *le Constitutionnel,* du 23 septembre 1857 :

Nous recevons d'un témoin oculaire de nouveaux détails sur l'événement arrivé samedi dans la rue de Ménilmontant, à Belleville. Les travaux entrepris pour la délivrance de l'ouvrier enseveli au fond du puits n'ont pas duré moins de sept heures ; il ont été dirigés avec habileté par M. JOUYE, ingénieur civil, capitaine des sapeurs-pompiers de Belleville. Un second éboulement s'est produit lors d'une descente de plusieurs ouvriers, et on a craint un moment d'avoir à déplorer un plus grand malheur.

Mais grâce au zèle déployé par M. JOUYE et les nommés : Boulay, serrurier, Ledanois, Kuntz, Pierrin, soldat au 88e de ligne, Bureau, Renon, Laberrie, marchand forain, etc., on est enfin arrivé à dégager l'ouvrier enseveli, et les habitants de Belleville, vivement émus par cet événement, n'ont eu qu'à adresser des éloges aux hommes dévoués et courageux dont le concours mérite d'être signalé.

On lit dans le même journal, le 11 avril 1858 :

Hier, à huit heures et demie du soir, un incendie s'est déclaré à Belleville, boulevard des Amandiers, n° 18, chez M. Colard. La maison, une écurie, surmontée d'un grenier à fourrages, où le feu s'est déclaré, sont devenus la proie des flammes, malgré la promptitude des secours. Trois chevaux renfermés dans l'écurie ont pu être sauvés.

Le rapport du capitaine des sapeurs-pompiers de Belleville, M. JOUYE, signale le zèle et l'activité montrés par M. Jullet, commissaire de Ménilmontant, et par le caporal Anroux et les sapeurs Loiseaux, Gillon et Brisemontier.

On lit dans le journal *la Patrie*, du 13 août 1858 :

Les pompiers de Belleville, sous les ordres de leur capitaine M. JOUYE, se sont distingués ; le caporal Varin, chevalier de la Légion d'honneur et ex-pompier de Paris, s'est porté sur les points les plus dangereux; il a eu les deux pieds assez dangereusement brûlés. Un ex-zouave et décoré de la médaille militaire, le sieur Cretonnier, a été blessé à la jambe en portant, avec le capitaine JOUYE, secours à deux travailleurs que la fumée étouffait.

On lit dans *le Siècle*, du 15 août 1858 :

A l'incendie de La Villette, le capitaine JOUYE, des sapeurs-pompiers de Belleville, arrivé un des premiers sur le théâtre de l'incendie, n'en est parti que l'un des derniers, à sept heures et demie du matin ; il a puissamment coopéré à préserver le magasin d'esprits du quai de la Loire, 12. M. Boittelle, préfet de police, montait jusque sur les piles des bois enflammés pour encourager les travailleurs. Le caporal Varin, des pompiers de Belleville, chevalier de la Légion d'honneur, a eu les pieds brûlés.

On lit dans le même journal, du 27 octobre 1859 :

Près de la petite église de Ménilmontant, au pied des hauteurs où plonge le chemin de fer de ceinture et que couronnent les maisons de Belleville avec leurs jardins, s'élève un quartier neuf, dont les habitations, au fur et à mesure qu'on les termine, sont immédiatement occupées du rez-de-chaussée à la girouette; c'est dans ce quartier de construction que s'ouvre le passage de l'Alma, à la place où naguère encore on ne voyait que champs de framboises et de groseilles.

Au n° 19 de ce passage existe un puits mitoyen qui n'est pas encore achevé, et dont on se sert néanmoins pour les besoins de la maison. Hier, vers les dix heures du matin, la dame L..., une des locataires, était en train de tirer de l'eau au puits en question, lorsque la poulie, qui n'est fixée que provisoirement après une traverse, se décroche tout à coup et tombe avec le seau plein d'eau, entraînant dans l'abîme la pauvre femme qui tenait la corde à deux mains. Malgré le rapide trajet qu'elle vient de faire la tête en bas, la dame L..., une fois arrivée au fond du gouffre, conserve assez de présence d'esprit pour se relever, parvient à se maintenir le haut du corps émergé et se met à appeler au secours de toutes ses forces.

A ce cri d'alarme, les voisins accoururent, et reconnaissant de quoi il s'agit, s'empressent d'aller chercher M. Jouye capitaine des sapeurs-pompiers, lequel se rend aussitôt sur le lieu de l'accident.

Après avoir pris toutes ses mesures pour ordonner le sauvetage, il se préparait à descendre lui-même dans le puits lorsqu'un brave cordonnier, le sieur Deschamps, qui se trouvait parmi les spectateurs, fait observer qu'il serait beaucoup plus sage de laisser l'officier des pompiers surveiller l'opération, tandis qu'un autre ferait la descente, et il s'offre pour effectuer le périlleux voyage. L'ouvrier se met donc en route aussitôt; il parvient auprès de la dame L..., que ses forces commençaient à abandonner; il lui passe autour du corps un drap qu'il avait emporté, donne le signal de remonter, et la pauvre dame arrive enfin en haut, où elle est reçue par le médecin que M. Jouye avait envoyé chercher. Une fois ceci fait, on descendit une seconde fois le câble sauveteur, et l'on remonta l'ouvrier, qui, à son tour, fut salué par les applaudissements de la foule.

On lit dans le même journal du 27 octobre 1859 :

Avant-hier au soir, à l'heure où tout bourgeois paisible est en train de faire son premier somme, les habitants de la rue de la Mare, à Ménilmontant, sont réveillés en sursaut par une vive lueur qui pénètre dans leurs appartements silencieux. Aussitôt chacun saute du lit, on court dehors, et l'on s'aperçoit que le feu est au magasin de fourrages situé au n° 54, en face de la gendarmerie. Or, la situation était d'autant plus grave, qu'une boutique contiguë audit magasin est occupée par un peintre, dont les huiles et les essences étaient placées dans un endroit déjà atteint par les flammes et où personne n'osait pénétrer.

Heureusement que sur la place de l'Église, non loin de là, demeure M. Jouye, capitaine des sapeurs-pompiers, qui, averti dès le commencement, arrive bientôt au pas de course avec sa pompe, escorté de plusieurs soldats de la ligne qu'il était allé chercher au poste voisin.

Aussitôt rendu sur le lieu de l'événement, il prend connaissance de la position, et jugeant tout d'abord que c'est le magasin de peinture qui rend le danger plus imminent, il y pénètre suivi de quelques hommes de bonne volonté; il opère le déménagement des touries avec un soin extrême, car il fallait avant tout éviter la casse, et puis il inonde la boutique pour empêcher le feu d'aller plus loin de ce côté.

Cependant le lieutenant Jacob, étant sur ses entrefaites arrivé avec ses hommes et une pompe, se met en communication avec le capitaine Jouye, qui lui fait attaquer de front l'incendie, tandis que lui-même, par une trouée pratiquée dans le mur, pénètre dans la partie non enflammée du magasin de fourrages dont il fait enlever le foin et la paille. Enfin, grâce au zèle des assistants, qui tous ont payé de leur personne, à deux heures du matin on était maître du feu, et à trois heures tout était fini.

On lit dans le même journal du 29 mars 1860 :

Avant-hier, vers midi, la voiture de remise n° 4923 était stationnée dans le haut de la rue des Moulins (XIXe arrondissement), lorsque le cheval prend le mors aux dents et part à fond de train, sans que le cocher, qui avait mis pied à terre, ait eu le temps de l'arrêter. Après avoir parcouru de la sorte cette rue, la bête emportée était rentrée dans la rue de Paris et courait ventre à terre, jetant partout l'épouvante, lorsque M. Jouye, ingénieur civil, qui venait en sens opposé, se campe résolument sur son passage, attend, puis, quand il le voit arriver sur lui, ouvre tout à coup son parapluie et profite de la stupeur que cette subite apparition produit sur la bête pour la prendre à la gourmette. Mais le cheval, une fois revenu de sa surprise, veut reprendre sa course furieuse, entraînant celui qui l'a arrêté, et qui sans doute n'aurait pu le maintenir longtemps, si un maréchal-ferrant, Debarle, qui passait par là, et plusieurs autres personnes, n'étaient arrivés aussitôt pour prêter main-forte. Grâce à cette prompte intervention, il n'est arrivé aucun accident.

On lit dans le journal *la Patrie*, du 30 mars 1860 :

Dimanche, vers midi, la voiture de remise n° 4923 était stationnée dans le haut de la rue des Moulins (XIXe arrondissement), lorsque le cheval prend le mors aux dents et part à fond de train, sans que le cocher, qui avait mis pied à terre, ait eu le temps de l'arrêter. Le cheval emporté était déjà dans la rue de Paris et courait ventre à terre, jetant partout l'épouvante, lorsque M. Jouye, ingénieur civil, qui venait en sens opposé, se campe résolument sur son passage, puis, quand il le voit arriver sur lui, ouvre tout à coup un parapluie et profite de la stupeur que cette subite apparition produit sur la bête pour la prendre à la gourmette. Mais le cheval, une fois revenu de sa surprise, veut reprendre sa course furieuse, entraînant celui qui l'a arrêté, et qui sans doute n'aurait pu le maintenir longtemps, si un maréchal-ferrant, le sieur Debarle, qui passait par là, et plusieurs autres personnes n'étaient arrivés aussitôt pour prêter main-forte. Grâce à cette prompte intervention, il n'est arrivé aucun accident.

On lit dans *le Moniteur universel* du 8 juin 1860 :

M. Jouye (Auguste-Pierre), capitaine des sapeurs-pompiers de Belleville, a obtenu une médaille d'honneur de 2e classe pour s'être distingué dans des incendies, 21 ans de services, et avoir exposé ses jours dans plusieurs circonstances.

On lit dans le même journal du 21 août 1867, à l'article des nominations :

M. Jouye, capitaine du 30e bataillon de la garde nationale de Paris, est nommé chevalier de la Légion d'honneur, 35 ans de services militaires et civils.

On lit dans *le Siècle* du 17 décembre 1870 :

Depuis plusieurs jours, le fort de Montrouge ne cesse de tirer par intervalles ; ce sont les nouvelles pièces de sept que l'on essaye. Comme nous n'avons pas le moyen de tirer notre poudre aux moineaux, on tire sur les Prussiens.

On nous informe que parmi les bataillons de guerre de la garde nationale qui figuraient au combat du 2, et que le général Trochu a félicités sur le champ de bataille, on a oublié de citer le 57e (1) du XIe arrondissement, que commandait le capitaine Jouye, faisant fonction de chef de bataillon.

On lit dans *le National* du 17 juillet 1873 :

A travers Paris. — Le chemin de fer métropolitain, destiné à desservir toute la grande banlieue, doit avoir, on se le rappelle, quatre débarcadères à Paris, dont un sur la place du Château-d'Eau.

(1) C'est le premier bataillon qui, sur l'ordre du Général, a passé la Marne.

L'emplacement de ce dernier ayant donné lieu à quelques contestations entre la Compagnie concessionnaire et les habitants du XIe arrondissement, la question n'est pas encore résolue.

C'était la rue de la Douane que la susdite Compagnie s'était d'abord proposé de prendre pour point de départ; mais ce choix n'ayant pas satisfait les habitants du quartier, l'ingénieur préposé aux études d'ensemble offrit de prendre pour tête de ligne les bâtiments des Magasins-Réunis.

La Commission chargée des intérêts de l'arrondissement rejeta encore cette seconde proposition, et présenta un contre-projet de M. Jouye-Rouve, un de ses membres, tendant à reculer cet embarcadère jusqu'au boulevard Richard-Lenoir, en face le café Ba-Ta-Clan.

L'édifice et ses annexes, dont la superficie serait de 14,000 mètres, et pourrait être portée à 18,000, formerait un parallélogramme circonscrit par les rues du Marché-Popincourt, Ternaux, par le passage Popincourt et le boulevard Richard-Lenoir; la ligne commencerait à entrer en tunnel sous l'avenue Parmentier.

Les trois autres débarcadères du chemin de fer métropolitain seront à la place des Martyrs, à l'esplanade des Invalides et sur le quai de Montebello, près le pont de l'Archevêché.

COPIES

DES

Lettres adressées à M. JOUYE par diverses autorités et des apostilles qui lui ont été données

Le 10 avril 1841, par M. le colonel, comte Borgarelli d'Ison :

Je vous verrai avec grand plaisir, mon cher JOUYE; venez me voir demain matin, vers onze heures.

C'est à cette heure-là qu'on est le plus sûr de me trouver tous les jours.

Recevez l'assurance de mon attachement.

Votre ancien colonel et camarade,
Signé : Comte BORGARELLI D'ISON.

Paris, 10 *avril* 1841.

Apostille du même, sur une demande qu'il a adressée au ministre :

Le soussigné, ancien colonel du 16e régiment de ligne, certifie que le sieur JOUYE est entré dans ce corps comme jeune volontaire en 1830, qu'il était parvenu au grade de sergent-major, et qu'il aurait avancé dans la carrière si ses affaires particulières ne l'avaient obligé à quitter le service.

Signé : Le Colonel Comte BORGARELLI D'ISON.
Membre du Conseil général du Calvados.

Le 25 avril 1849, par M. le Maire de Belleville :

Nous, maire de la ville de Belleville, soussigné, invitons M. Jouye, agent voyer communal, à se rendre dans les cavages des carrières d'Amérique, pour y constater les empiétements de l'exploitation qui pourraient avoir lieu sous les chemins publics ou propriétés privées. Il pourra être assisté de M. Dubois, géomètre, chargé de pouvoirs de divers propriétaires voisins, et requérir au besoin M. le Commissaire de police pour l'accomplissement de sa mission.

Signé : CHAUMONT.

Belleville, le 24 *avril* 1849.

Le 11 février 1856, par M. le Capitaine des sapeurs-pompiers de Charonne :

A Monsieur Jouye, *capitaine des sapeurs-pompiers de Belleville* :

Monsieur le Capitaine,

Veuillez recevoir mes remerciements bien sincères pour l'empressement que vous avez mis à porter secours dans l'incendie qui a éclaté dans ma commune pendant la nuit du 8 au 9 de ce mois.

Soyez mon interprète auprès de vos sapeurs, qui ont comme toujours fait preuve de zèle.

Agréez, Monsieur, l'assurance de ma reconnaissance et de ma parfaite considération.

Charonne, le 11 *février* 1856.

Signé : E. LEMAITRE,
Capitaine aux sapeurs-pompiers de Charonne.

Le 6 avril 1861, par M. le Maire du XIXe arrondissement :

(Lettre jointe à l'envoi d'une médaille).

J'ai l'honneur de vous prier, au nom du Bureau de bienfaisance du XIXe arrondissement, de recevoir cette médaille et nos remerciements les plus vifs pour l'empressement que vous avez bien voulu mettre à faire la quête au profit de nos pauvres. Il faut, je l'avoue, Monsieur, avoir le désir et tout le dévouement que vous mettez à faire le bien pour avoir rempli une mission si pénible, qui n'a pour toute récompense que le bonheur que trouve une âme aussi élevée que la vôtre à être utile aux malheureux; aussi le Bureau ne pouvait-il faire un meilleur choix.

Veuillez, Monsieur, agréer avec ma reconnaissance personnelle, l'expression de mes sentiments distingués.

Le Maire du XIe arrondissement,
président du Bureau de bienfaisance,
Signé : E. MICOL.

Le 15 septembre 1867, par MM. les officiers, sous-officiers et soldats de sa compagnie lui adressant l'invitation suivante :

A Monsieur JOUYE, *chevalier de la Légion d'honneur capitaine de la 7e compagnie du 30e bataillon.*

Capitaine,

A l'occasion de votre nomination dans la Légion d'honneur, la 7e compagnie a désiré offrir à son capitaine une marque toute particulière de son affectueux attachement.

Les soussignés sont heureux d'être, en cette circonstance, l'organe de leurs camarades en vous priant de vouloir bien accepter le banquet que la 7e compagnie a décidé de vous offrir jeudi prochain, 19 courant, à six heures du soir, à Trianon.

M. le commandant a bien voulu accepter l'invitation qui lui a été faite d'assister à cette fête de famille.

Veuillez bien recevoir nos plus cordiales salutations.

Signé : JACQUEMOT, lieutenant; BAUNY, sous-lieutenant; BOUTIN, TRESSALET, DELAUNE, LALANDRE, LABAINVILLE, CHARASSAIN, ROUZEAU, sergent-major; NÉRAT, caporal; DUVILLER, membres de la Commission du banquet.

NOMINATION DE FRANC-MAÇON

En 1836, le 25 février, il fut reçu franc-maçon de la Loge des Enfants de la Loire, Orient de Tours (Indre-et Loire).

Copie du diplôme qui lui a été délivré :

A LA GLOIRE DU G.·. A.·. DE L'U.·.

AU NOM ET SOUS LES AUSPICES DU G.·. O.·. DE FRANCE

A TOUTES LES □□.·. RÉGULIÈRES

UNION.·. FORCE.·. SALUT.·.

Nous, Vénérables et Officiers de la R.·. □ Saint-Jean, sous le titre distinctif des Enfants de la Loire, régulièrement constitués à l'O.·. de Tours (Indre-et-Loire), et assemblés par les N.·. M.·., connus des seuls V.·. M.·.

Déclarons, certifions et attestons que le T.·. C.·. F.·. Jouye (Auguste-Pierre), âgé de 27 ans, natif de Tours, département d'Indre-et-Loire, est membre de notre R.·. ATT.·., au 3e grade symbolique; que la régularité de sa conduite, ses bonnes mœurs et son exactitude aux travaux, nous l'ont rendu cher et recommandable. Prions tous les M.·. réguliers, tant des OO.·. de France que de ceux étrangers, de reconnaître ledit F.·. Jouye (Auguste-Pierre), dans lesdites qualités, lui accorder la considération qui lui est due et lui porter tous les secours dont il pourrait avoir besoin, comme nous aurions la satisfaction de le faire pour eux-mêmes.

En foi de quoi nous lui avons accordé le présent certificat.

Fait et délivré à notre O.·. de Tours, le 25 J.·. du mois de l'an V.·. L.·. 5835, ère vulgaire le 25 février 1836. Signé de nous, contresigné de notre secrétaire et revêtu des sceau et timbre de notre Architecture, pour avoir plein et entier effet après la confrontation de la signature dudit F.·., qu'il a apposée devant nous.

Le Vénérable :	1er surv. :	2me surv. :
LECŒUVRE.	RIBOU.	MICHAU.
R.·. X.·.	M.·.	M.·.

Garde des sceaux et timbre,
BLANCHET, JOUYE, fils.
M.·. C.·. R.·. C.·.

Par mandement de la R. Loge :
PORCHER.
C.·. R.·. X.·.

Suivent les autres signatures, au nombre de 32.

Vu et fraternellement accueilli par la R.·. L.·. de l'Amitié, Or.·. de Boulogne, le 23e jour de mai 5836 L.·. V.·. de 1836.

Signé : Noel LEROY-ATUEBANT.
S.·. V.·.

Vu et fraternellement accueilli à la Loge des Œus fidèles, Or.·. de Strasbourg, le 14 J.·. du 10 M.·. 5836.

Signé : ROSDERER.

Nota. — Toutes les pièces désignées dans la présente Notice sont entre les mains de M. Jouye, et, comme il n'a pas d'enfants, elles seront, à son décès, déposées aux Archives Nationales de France où l'on pourra les consulter.

ÉTAT DES SERVICES MILITAIRES

DE

M. JOUYE (Urbain-René) Père

Depuis le 10 août 1792, jusqu'au 8 fructidor an X de la République (1re) ou 27 août 1802

Copie du congé :

RÉPUBLIQUE FRANÇAISE

CONGÉ ABSOLU

Nous soussignés, membres du Conseil d'administration de la 33e demi-brigade de ligne, certifions avoir donné congé absolu au citoyen Urbain Jouye, sergent de la 1re compagnie du 2e bataillon, natif de Tours, département d'Indre-et-Loire, âgé de vingt-neuf ans, taille d'un mètre 674 millimètres, cheveux et sourcils bruns, front haut, nez gros, bouche moyenne, menton rond, visage ovale, compris au registre matricule du corps sous le n° 973. Le présent congé arrêté en vertu de l'arrêté des consuls du 8 brumaire an X.

Lequel a servi en brave et honnête militaire et n'a contracté aucun acte de mariage qui soit parvenu à notre connaissance.

Fait à Paris, le 8 fructidor an X de la République française.

Les membres du Conseil d'administration :

Signé : Le chef de brigade, S. ROGUETT ; le lieutenant, LASOUCHE ; le capitaine, DEMARLE ; le capitaine, ARCHAMBAULT ; le capitaine, CHEFFERT ; le capitaine, MALIGNON ; le lieutenant, BERTIN.

Vu par Nous, inspecteur aux revues.

Signé : CHEVALLIER.

Approuvé par Nous, inspecteur général,

Signé : Ed. MORTIER.

DÉTAIL DES SERVICES	CAMPAGNES
Caporal au 2me bataillon d'Indre-et-Loire, le 10 août 1792. Sergent le 26 pluviôse, an II.	Celles des années 1792, 1793, 2, 3, 4, 5, 6, 7, 8, aux armées du Nord, de l'Ouest et d'Italie.

CERTIFICAT DE BONNE CONDUITE
DE M. URBAIN-RENÉ JOUYE

RÉPUBLIQUE FRANÇAISE

33me 1/2 Brigade. 2me Compagnie de fusiliers.

Nous, officiers, sous-officiers et soldats composant ladite compagnie, certifions que le citoyen Urbain JOUYE, sergent, a servi dans ladite demi-brigade depuis le 10 août 1792 jusqu'à ce jour, qu'il s'est comporté avec honneur et probité, qu'il emporte l'estime de ses chefs et de ses camarades.

Paris, le 9 fructidor, an X de la République Française Une et Indivisible.

Signé : DEMOISON, sergent; BOUCHET, sergent-major, PLAUVELT; OMAR, capitaine; BOUILLANT, PACHON, sergent; DELAPORTE, capitaine; VÉDY; CORMERY, sous-lieutenant; DEVILLE, sergent; CHARTIER, sergent; A. BINARD, sergent-major; BIAUTOIE, capitaine; CHARDON, sergent; MOREAU, capitaine; ROBERT, lieutenant; WERQUIN, sous-lieutenant; DESINEUR, sergent; A. THIERRY, adjudant-major; BERTIN, lieutenant; DECASTEL-LERY, lieutenant; BELIN, capitaine; PILLET, capitaine; RYAMELIN, sous-lieutenant; FROQUE, sergent-major; DURRU, adjudant; MAGOUBERT, sergent-major.

Vu par le Commandant de la Compagnie,
Signé : ROUNET, chef de bataillon.

Vu par le Chef de Brigade,
Signé : S. ROQUET.

Vu par le Chef de Brigade,
Signé : CARTIER.

6-88. 1723 — Paris. Typ. Morris père et fils, rue Amelot, 64.

www.ingramcontent.com/pod-product-compliance
Ingram Content Group UK Ltd.
Pitfield, Milton Keynes, MK11 3LW, UK
UKHW020341180726
13839UKWH00002B/850